## Lexis Rex
## *Mots Croisés Anglais*
## Niveau 1, Volume 1

Soyez les bienvenus avec les mots croisés anglais de Lexis Rex, ils ont été spécialement créés pour les débutants et les intermédiaires en langue anglais.

Ce volume comprend 125 mots croisés avec les réponses en anglais et les indices en français comme cela vous pouvez tester votre niveau en anglais. Nous avons sélectionné ces mots parmi les plus communs de la langue anglaise ; il y a donc des mots importants à connaitre afin de bien maitriser l'anglais.

Nous espérons que vous allez aimer et profiter au maximum de nos mots croisés, c'est un très moyen pour tester vos connaissances en anglais et découvrir de nouveaux mots.

I0170455

Publié par Lexis Rex Language Books

Copyright © Lexis Rex 2015.

ISBN 978-1-925561-02-9

## No. 1

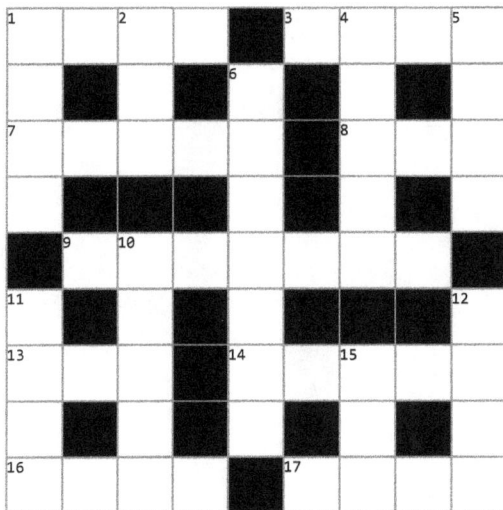

### Horizontal

1. tante
3. tard
7. avril
8. aide; aider
9. trou
13. aussi
14. outils
16. large
17. semence

### Vertical

1. loin
2. ni
4. de nouveau
5. fines
6. planètes
10. fier
11. mijoter
12. seconde main
15. devoir

No. 2

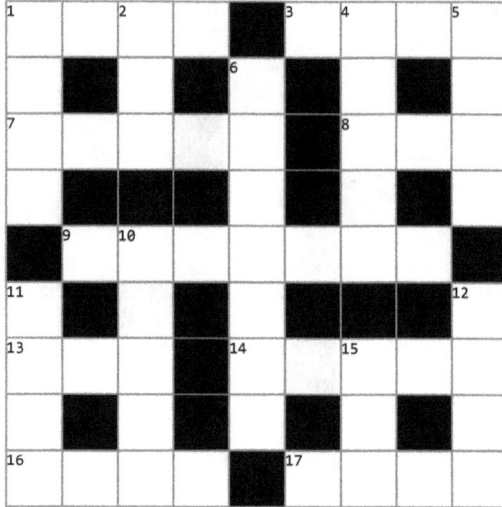

**Horizontal**
1. plus
3. juin
7. rois
8. chut
9. athlète
13. chien
14. cuillère
16. oreilles
17. neige; neiger

**Vertical**
1. faire
2. courir
4. énerver
5. écho
6. inutilisable
10. tigre
11. oisif
12. savoir
15. posséder; propre

## No. 3

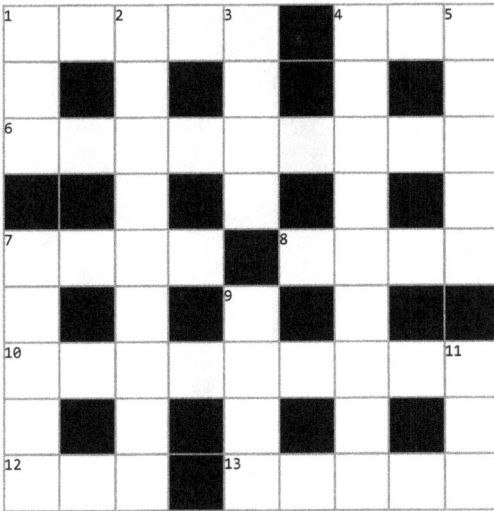

### Horizontal
1. joue
4. couper
6. plaisirs
7. plaindre; compassion
8. colombe
10. excuses
12. *(il)* ait
13. maire

### Vertical
1. tasse
2. élections
3. embrasser; baiser
4. curiosité
5. goût
7. pêche
9. forme
11. monsieur

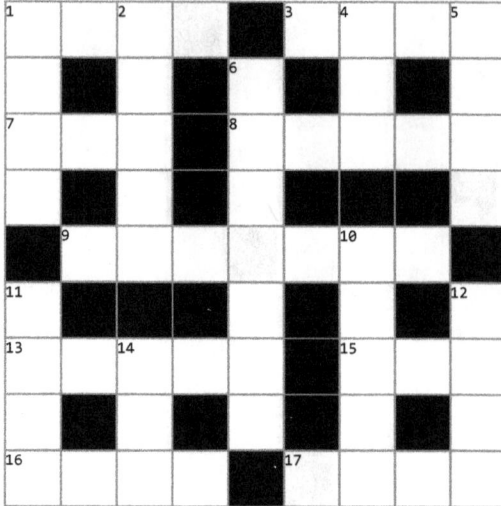

## Horizontal

1. sommes
3. mauvais
7. âne
8. honneur
9. écoles
13. créature
15. ramer; ligne
16. toujours
17. fougère

## Vertical

1. savon
2. musique
4. fourgon
5. seigneur
6. par
10. grand
11. capable
12. cygne
14. glace

## No. 5

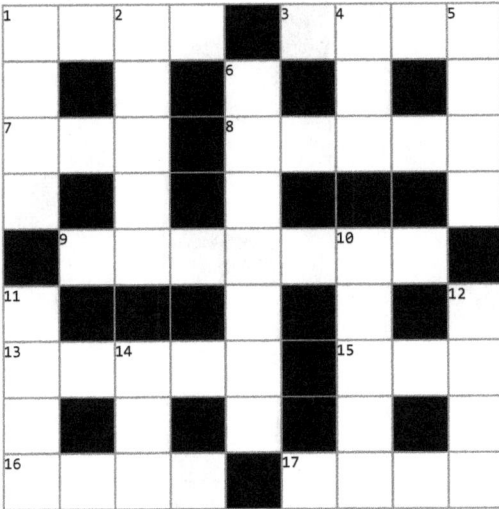

### Horizontal
1. semaine
3. route
7. gros
8. ruelle
9. amis
13. choisir
15. auberge
16. peler; pelure
17. indice

### Vertical
1. femme
2. entrer
4. hibou
5. jours
6. parents
10. perceuse
11. profond
12. genou
14. vigile

# No. 6

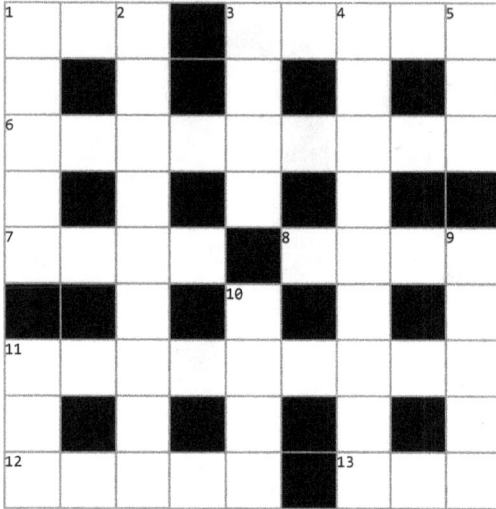

## Horizontal
1. tige
3. balai
6. papillon
7. sucer
8. aigre
11. criminelles
12. besoins
13. dire

## Vertical
1. robes
2. détective
3. bière
4. officielles
5. mai
9. poussiéreux
10. coups
11. bidon

No. 7

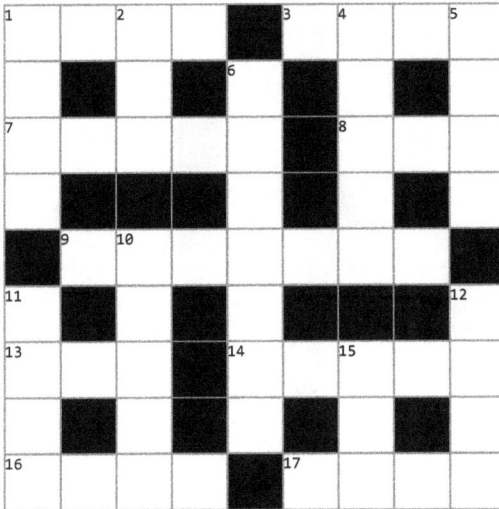

## Horizontal

1. excursion
3. points
7. idéal
8. dessus
9. boire (2,5)
13. hache
14. égout
16. sable
17. klaxon

## Vertical

1. ce
2. usage
4. souvent
5. gorgées
6. fleuriste
10. océan
11. passer; passe
12. repasser; fer
15. qui

No. 8

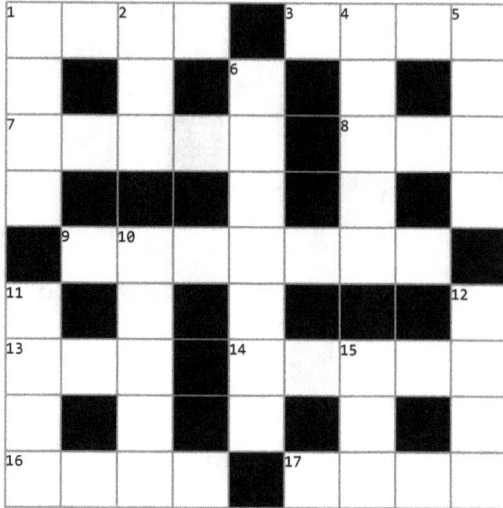

## Horizontal

1. nez
3. moins
7. griffes
8. aucun
9. seins
13. et
14. citron
16. poisson; pêcher
17. dans

## Vertical

1. cou
2. mer
4. exact
5. (il) dit
6. généralement
10. tours
11. veau
12. sur
15. homme

## No. 9

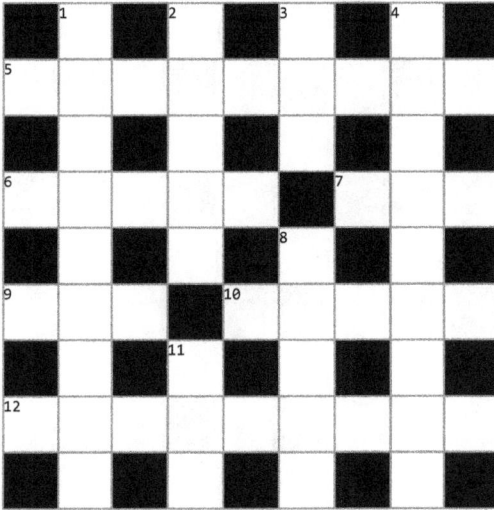

### Horizontal
5. stupidité
6. délai; retarder
7. être assis
9. son
10. mars
12. impuissant

### Vertical
1. attention
2. parler
3. ajouter
4. escalier
8. aigle
11. coudre

No. 10

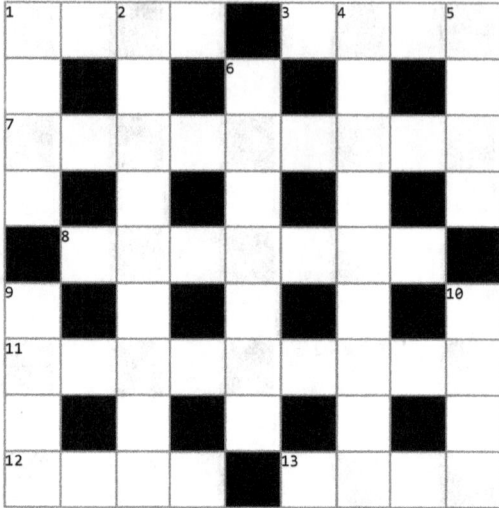

## Horizontal

1. tasses
3. prison
7. surpris
8. météo; temps
11. intestin
12. clés
13. âges

## Vertical

1. coûter
2. parfaitement
4. *(je)* répondais
5. dame
6. protestation
9. disque
10. lentille

## No. 11

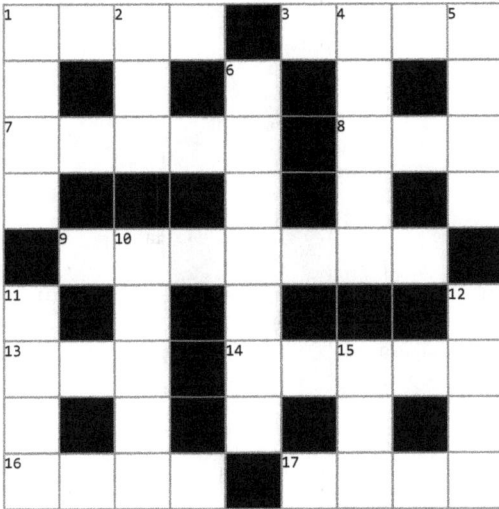

### Horizontal

1. masque
3. buisson
7. crosser
8. dix
9. cependant
13. cochon
14. vases
16. neuf
17. semence

### Vertical

1. la plupart de
2. monsieur
4. détacher
5. main
6. observer
10. organe
11. ouvert; ouvrir
12. seconde main
15. elle

No. 12

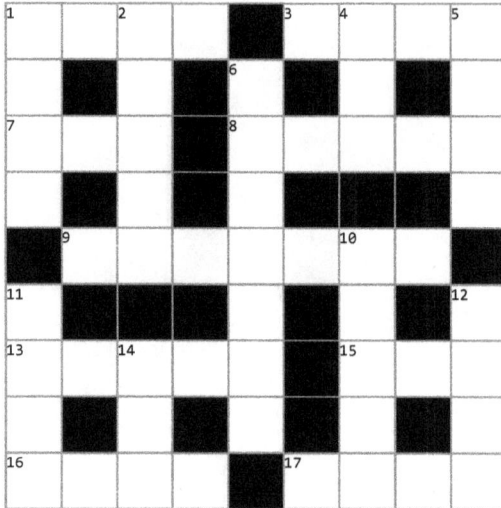

### Horizontal

1. lac
3. peau
7. courir
8. index
9. inutilisable
13. noir
15. tout
16. toujours
17. envoyer

### Vertical

1. seigneur
2. genres
4. se moquer; chevreau
5. prochain
6. antipathie
10. serpent
11. capable
12. content
14. as

No. 13

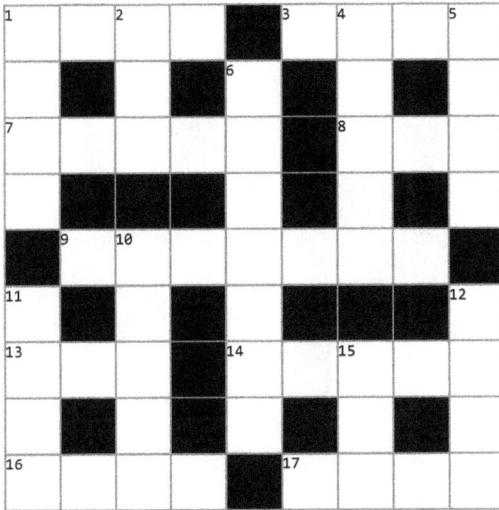

### Horizontal
1. malade
3. mauvaise herbe
7. hachis
8. chiffon
9. idée
13. un
14. épée
16. hôte
17. indice

### Vertical
1. quelque
2. bidon
4. terre
5. chiens
6. requête
10. talons
11. tous les deux
12. bord
15. hibou

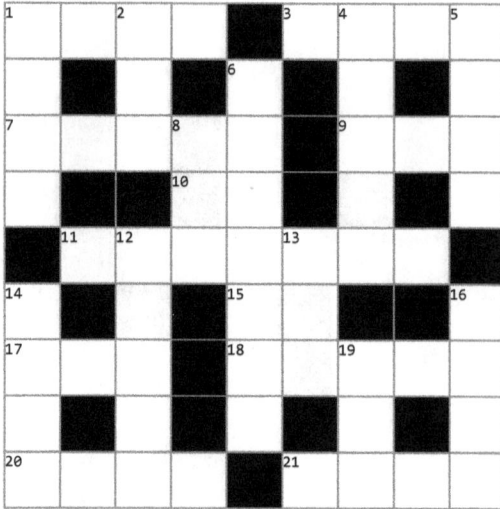

## Horizontal

1. rose
3. mot
7. serviette
9. glace
10. pas de
11. boire (2,5)
15. dans
17. cravate; lier
18. crâne
20. os
21. palpé

## Vertical

1. pots
2. maintenant
4. oignon
5. teint
6. fleuriste
8. fin; finir
12. océan
13. encre
14. poignarder
16. plan
19. usage

## No. 15

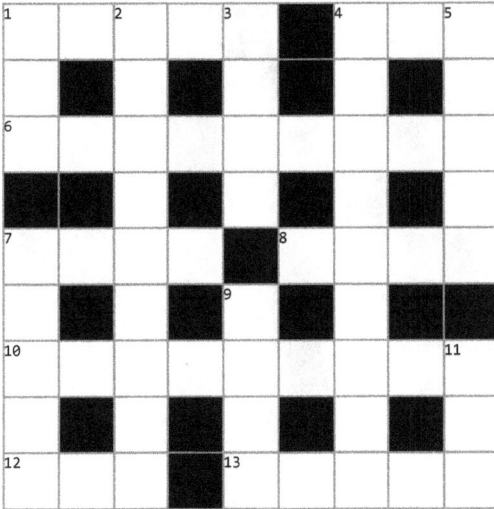

### Horizontal
1. boire; verre
4. stylo; plume
6. explosif
7. fourchette
8. défaite
10. appartement
12. manger
13. gaspillage

### Vertical
1. mourir
2. important
3. nœud; nouer
4. prisonniers
5. besoins
7. cadre
9. mijoter
11. orteil

No. 16

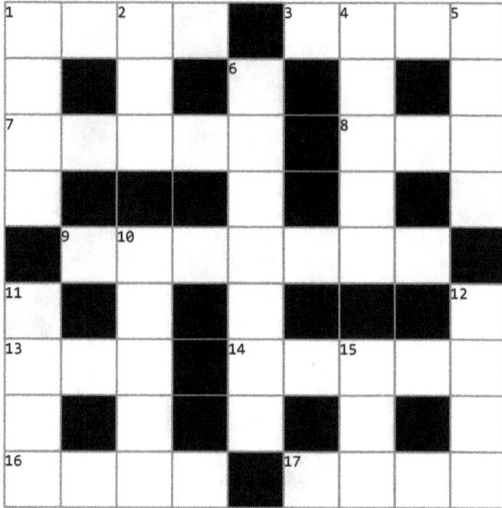

## Horizontal

1. tante
3. vu
7. de bonne heure
8. autobus
9. confrères
13. œuf
14. nombril
16. destin
17. sur

## Vertical

1. région
2. ni
4. coude
5. nid
6. cyclone
10. huit
11. bœuf
12. aussi
15. fourgon

No. 17

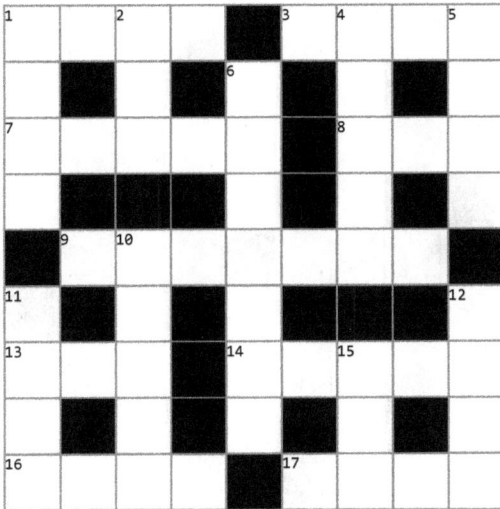

**Horizontal**

1. datte
3. mensonges
7. épine
8. bras
9. cuir
13. fourmi
14. mettre en colère
16. partie
17. présage

**Vertical**

1. points
2. deux
4. image
5. sommes
6. initial
10. entrer
11. humide
12. repasser; fer
15. salle de gymnastique

No. 18

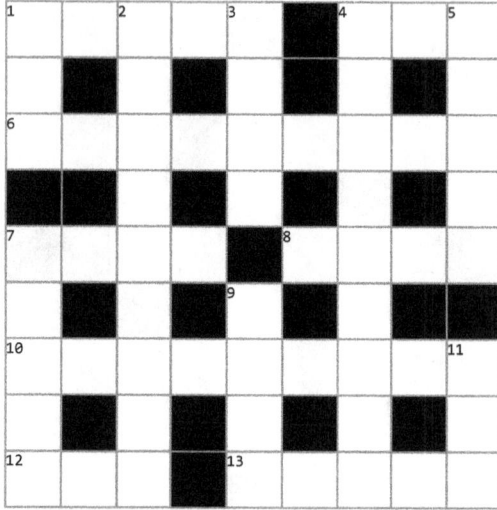

## Horizontal
1. son
4. oreille
6. adresses
7. guerres
8. loin
10. vingtième
12. son
13. poèmes

## Vertical
1. mer
2. sous-vêtement
3. régime
4. ailleurs
5. risqué
7. sorcière
9. faire un pas
11. (il) ait

No. 19

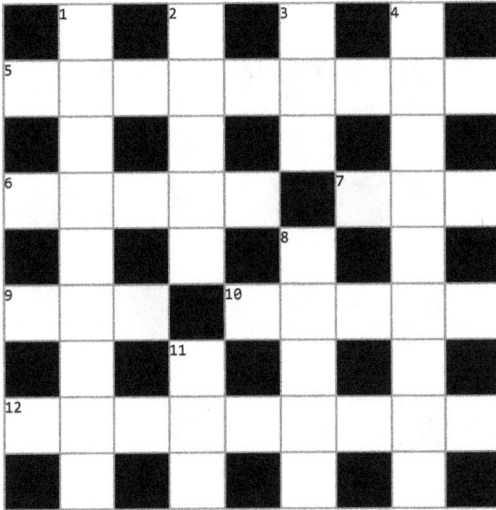

## Horizontal

5. sous-marin
6. entier
7. dix
9. tâche
10. jante
12. immédiat

## Vertical

1. champignons
2. petit
3. faire frire
4. intérêts
8. leur
11. laisser

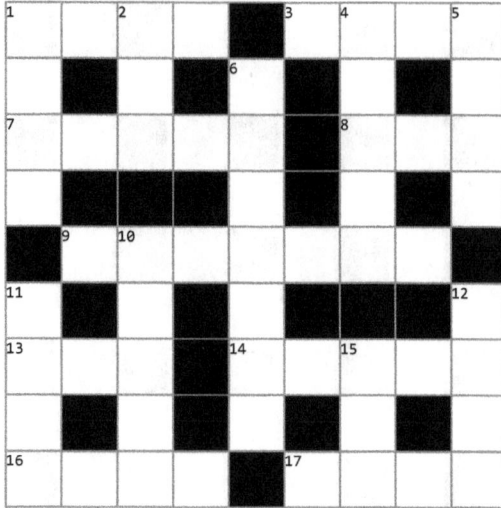

### Horizontal

1. actes
3. rencontrer
7. outils
8. auberge
9. à cause de
13. sève
14. citron
16. jours
17. bord

### Vertical

1. arts
2. aussi
4. sorties
5. minuscule
6. généralement
10. vide
11. seconde main
12. genou
15. fou

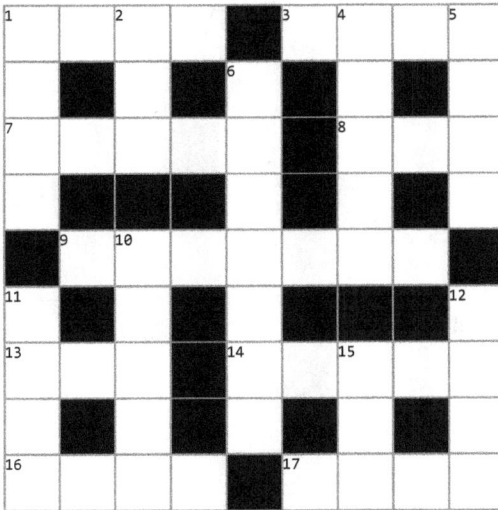

## Horizontal

1. côté
3. poète
7. pages
8. brèche
9. compagnie aérienne
13. dû
14. jurer
16. capable
17. profond

## Vertical

1. gorgées
2. chien
4. organe
5. taper à la machine
6. inutilisable
10. idéal
11. idée
12. tomber; goutte
15. vigile

No. 22

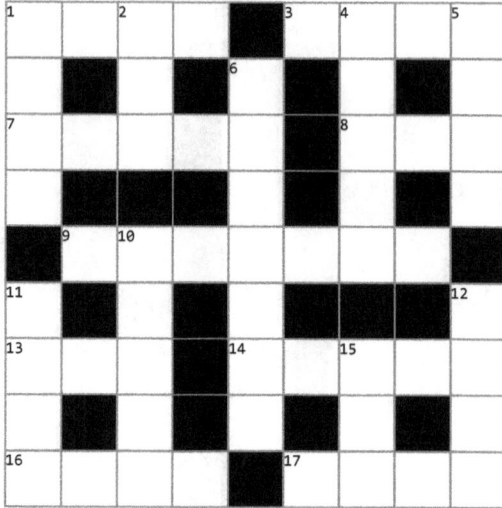

## Horizontal

1. coller; colle
3. grandir
7. escarpé
8. ajouter
9. folie
13. as
14. déclic; cliquer
16. corps
17. plan; projeter

## Vertical

1. halètement
2. usage
4. routes
5. large
6. épinards
10. devant
11. agneau
12. peau
15. malade

No. 23

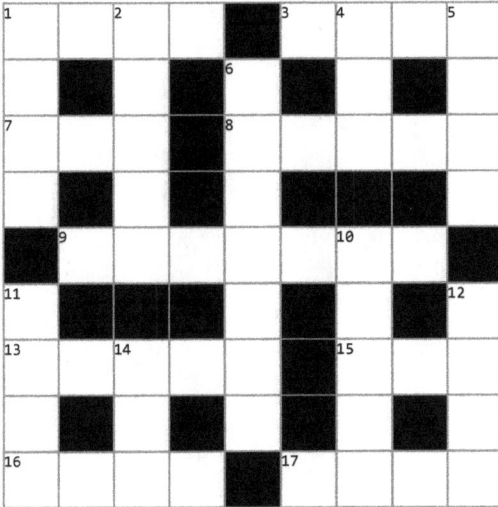

## Horizontal

1. tasses
3. bois
7. homme
8. file
9. théâtre
13. prix
15. ramer; ligne
16. ils
17. menton

## Vertical

1. *(je)* suis venu
2. pincement; pincer
4. devoir
5. teint
6. carrées
10. terre
11. embrocher
12. cygne
14. glace

No. 24

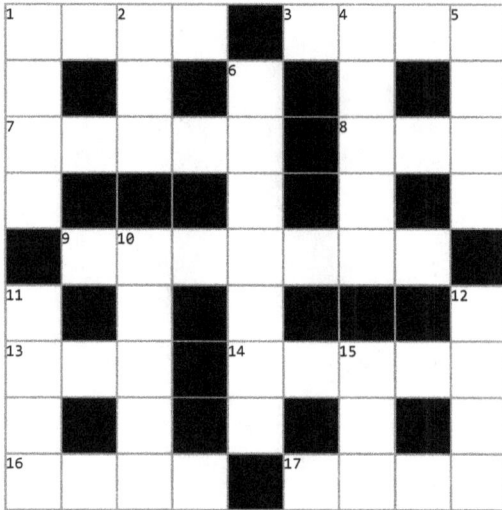

### Horizontal
1. nœud; nouer
3. chercher
7. servir
8. friand
9. confrères
13. âge
14. trois
16. dans
17. envier

### Vertical
1. embrasser; baiser
2. notre
4. coude
5. genre
6. réalité
10. événement
11. taxi
12. très
15. courir

No. 25

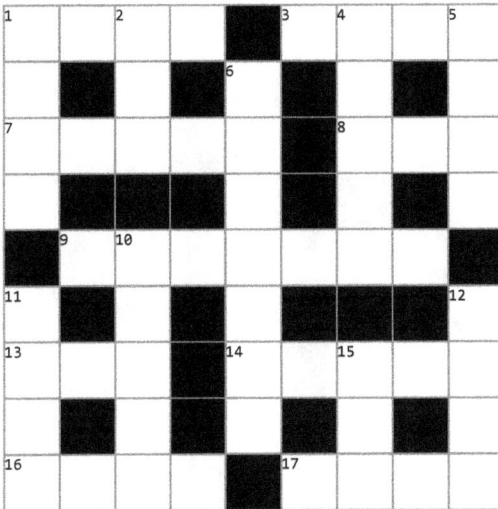

## Horizontal

1. soupir
3. bain
7. entrer
8. *(je)* place
9. monstre
13. hache
14. mettre en colère
16. esprit
17. présage

## Vertical

1. semence
2. obtenir
4. pomme
5. haïr
6. cristal
10. océan
11. paume
12. repasser; fer
15. salle de gymnastique

No. 26

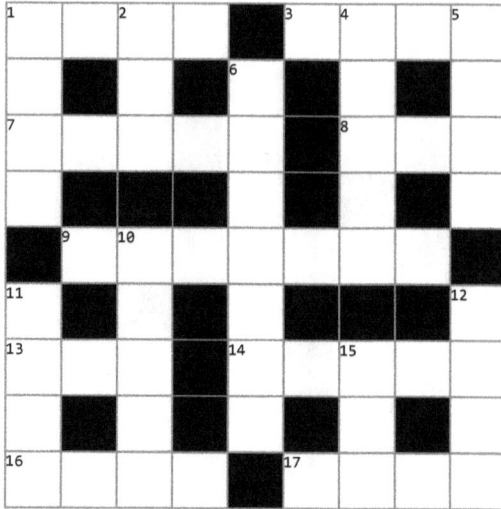

## Horizontal

1. dame
3. blessé; faire mal
7. voler
8. *(je)* ai vu
9. opérer
13. tige
14. tabouret
16. promenade; marcher
17. oisif

## Vertical

1. durer; dernier
2. mourir
4. énerver
5. ville
6. fleuriste
10. pédaler
11. dessiner
12. bleu
15. vieux

No. 27

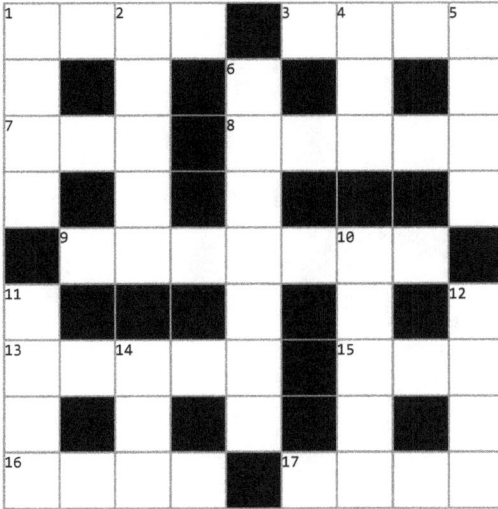

## Horizontal
1. facile
3. marée
7. soleil
8. dixième
9. défaites
13. choisir
15. hibou
16. bœuf
17. ouest

## Vertical
1. est
2. depuis
4. auberge
5. écho
6. rues
10. ces
11. herbe
12. plan
14. œil

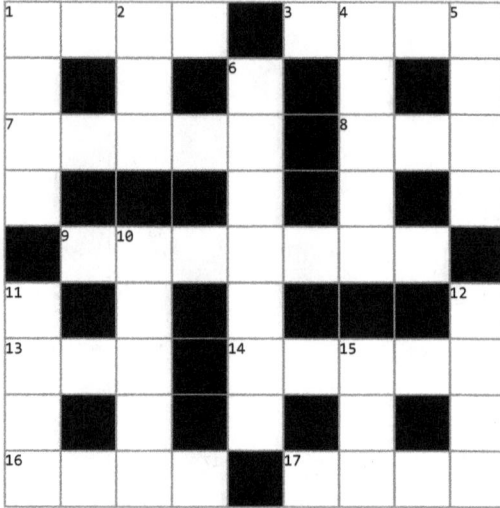

## Horizontal

1. ouvert; ouvrir
3. quand
7. ennemi
8. impôt
9. visible
13. orteil
14. garder; garde
16. passer; passe
17. arbre

## Vertical

1. obéir
2. vigile
4. hôtel
5. prochain
6. seringue
10. idées
11. faire un pas
12. bord
15. air

No. 29

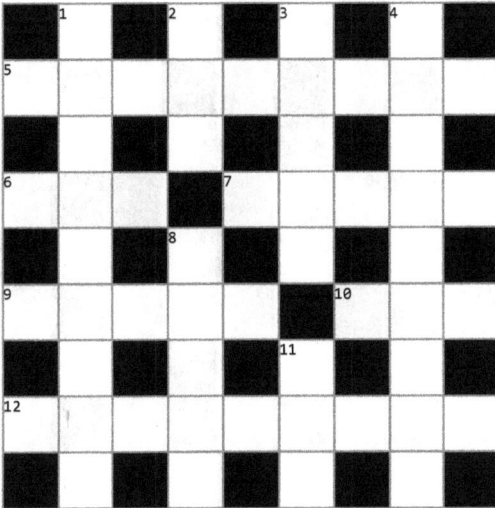

## Horizontal
5. coopérer
6. coudre
7. humain
9. morceau
10. œuf
12. secrétaire

## Vertical
1. parfois
2. espion
3. grouper; groupe
4. inconnues
8. écharpe
11. son

No. 30

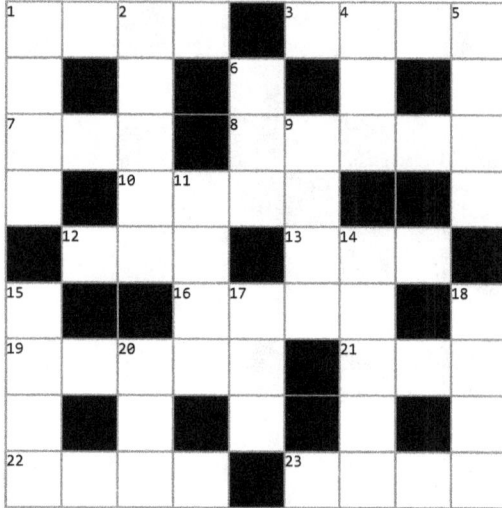

## Horizontal

1. passé
3. toit
7. mélanger
8. honneur
10. alors
12. salut
13. dix
16. pièce; espace
19. demandé
21. épingle
22. cacher
23. taper à la machine

## Vertical

1. pompe
2. soixante
4. posséder; propre
5. fourchette
6. le
9. sur
11. ici
14. vide
15. sentier
17. bizarre
18. genou
20. se moquer; chevreau

No. 31

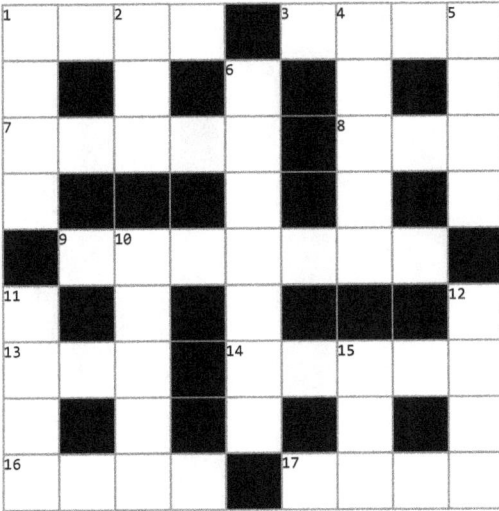

## Horizontal

1. charbon
3. région
7. *(il)* prenne
8. interdire
9. à cause de
13. jambe
14. levier
16. âges
17. fines

## Vertical

1. ville
2. demander
4. robes
5. tante
6. généralement
10. aigle
11. puce
12. arts
15. fourgon

No. 32

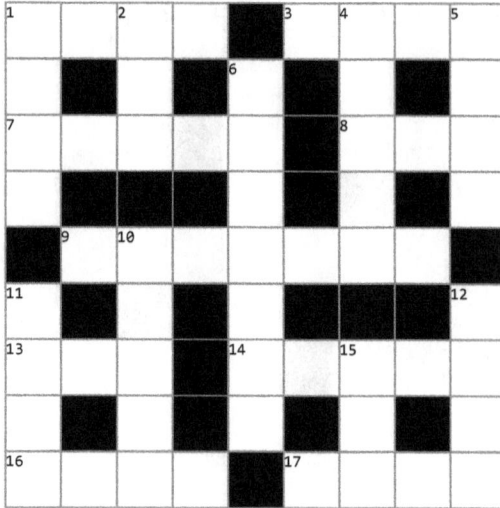

**Horizontal**
1. ferme
3. chanson
7. camps
8. aussi
9. *(je)* palpais
13. as
14. lance
16. plaindre; compassion
17. poussette

**Vertical**
1. fait
2. bélier
4. souvent
5. grandir
6. inutilisable
10. événement
11. lampe
12. tambour
15. oreille

No. 33

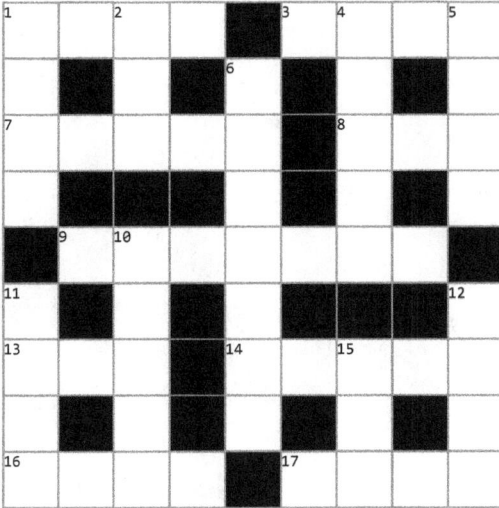

## Horizontal
1. perdre
3. bébé
7. mois
8. petit pois
9. procéder
13. *(il)* ait
14. sorties
16. mademoiselle; manquer
17. lits

## Vertical
1. masse
2. pécher
4. pomme
5. année
6. choqué
10. roses
11. les
12. usages
15. glace

No. 34

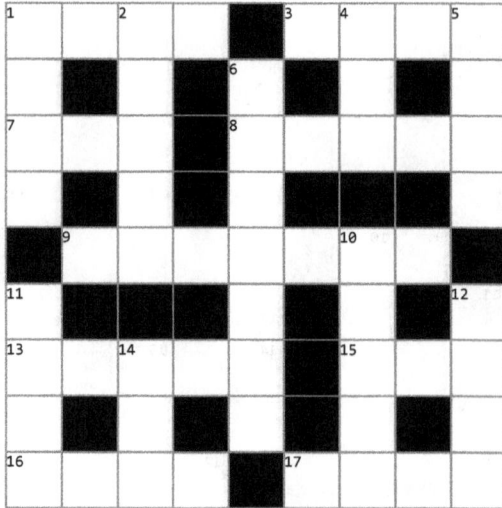

### Horizontal

1. griffe; griffer
3. frais; refroidir
7. hibou
8. nerf
9. huîtres
13. (je) ai écrit
15. bas
16. nu
17. gris

### Vertical

1. chef
2. ruelle
4. notre
5. mensonges
6. plus
10. règle
11. cygne
12. loin
14. vieux

No. 35

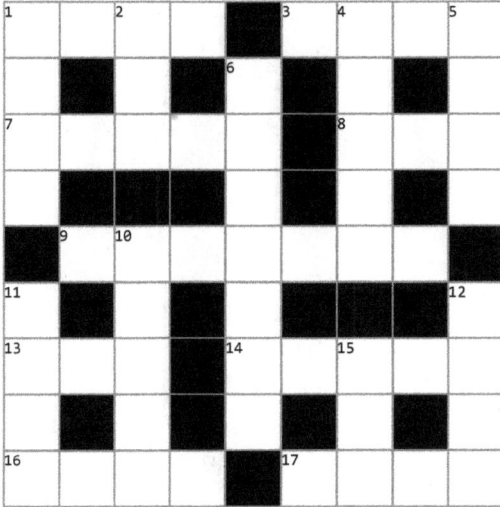

## Horizontal

1. que
3. content
7. tout
8. mendier
9. visible
13. et
14. après
16. prochain
17. tombe

## Vertical

1. quand
2. un
4. étiquette
5. chiens
6. typique
10. index
11. aube
12. larve
15. deux

No. 36

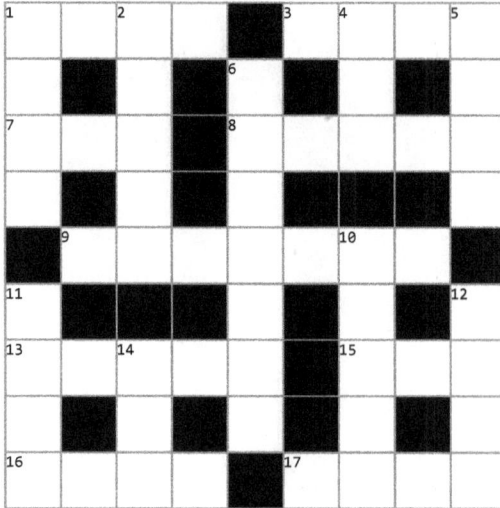

## Horizontal

1. mers
3. dans
7. vous
8. danse
9. barbu
13. oasis
15. obtenir
16. ton
17. crabe

## Vertical

1. *(il)* dit
2. amuser
4. nonne
5. obéir
6. adresse
10. désireux
11. pied
12. poignarder
14. fils

## No. 37

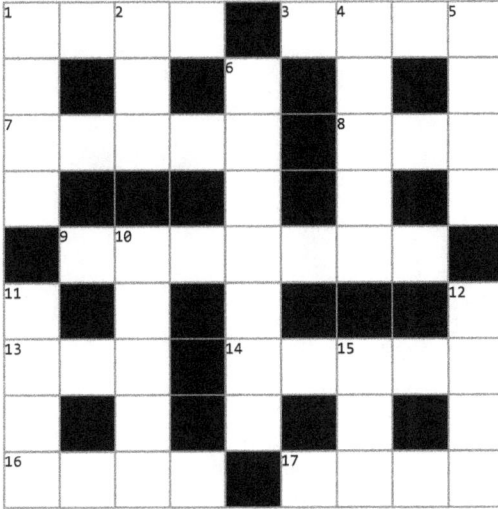

### Horizontal

1. sûr
3. feu
7. pouvoir
8. œuf
9. sentir (2,5)
13. chut
14. entacher; tache
16. terre
17. que

### Vertical

1. gorgées
2. ramer; ligne
4. idéal
5. bord
6. vœu
10. autre
11. seconde main
12. nœud; nouer
15. cendre

No. 38

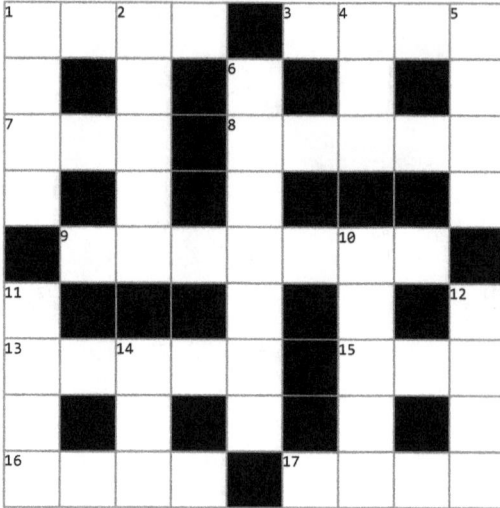

### Horizontal

1. creux
3. bleu
7. thé
8. aigle
9. statues
13. fixer des yeux
15. le
16. vente
17. tramway

### Vertical

1. chapeaux
2. moindre
4. jambe
5. toujours
6. météo; temps
10. entrer
11. *(il)* demande
12. germe
14. tout

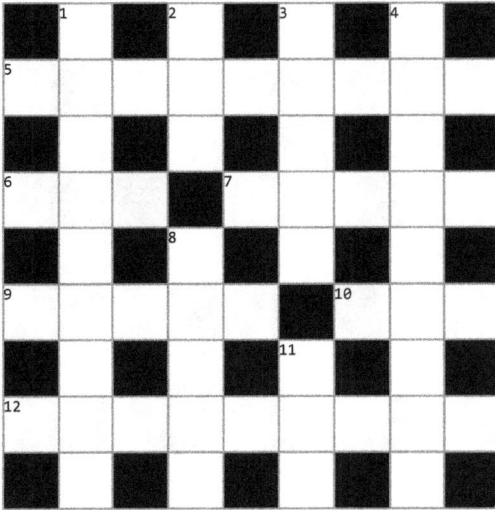

## Horizontal

5. coopérer
6. stylo; plume
7. hôtel
9. troisième
10. as
12. enquêtes

## Vertical

1. quelque chose
2. espion
3. escroc
4. brancard
8. grouper; groupe
11. faire frire

No. 40

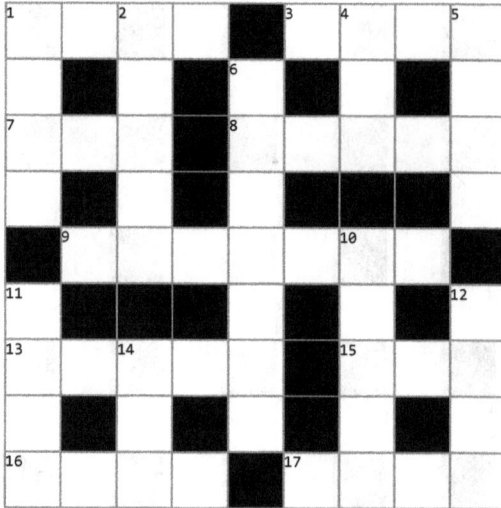

### Horizontal
1. dessiner
3. est
7. noix
8. eau
9. tiroirs
13. clair
15. friand
16. régime
17. usages

### Vertical
1. cabosser
2. acteur
4. acte; agir
5. tour; tourner
6. maladroit
10. robes
11. aigre
12. fines
14. vigile

## No. 41

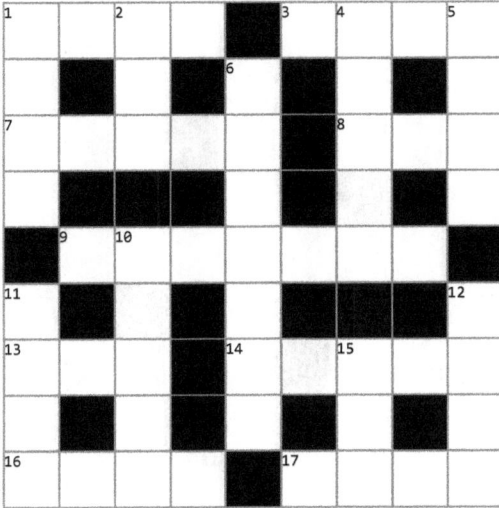

### Horizontal

1. rare
3. profond
7. jeux
8. âne
9. seins
13. qui
14. levier
16. nez
17. neige; neiger

### Vertical

1. chiffons
2. bélier
4. exact
5. passé
6. généralement
10. racines
11. cygne
12. grandir
15. fourgon

No. 42

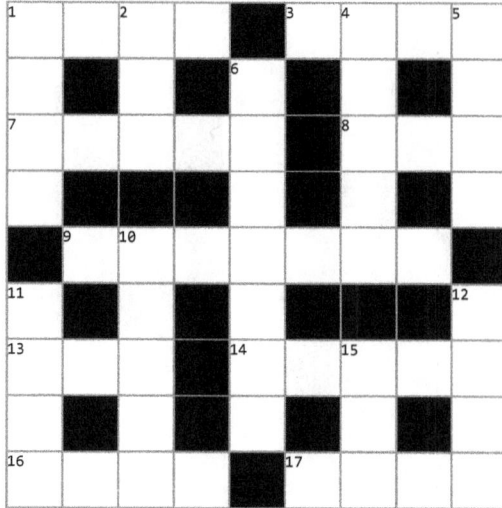

### *Horizontal*
1. tuer
3. ours
7. ordre; ranger
8. épingle
9. reins
13. tige
14. choisir
16. prochain
17. très

### *Vertical*
1. savoir
2. couvercle
4. vide
5. louer; loyer
6. princes
10. index
11. repasser; fer
12. rester
15. œil

No. 43

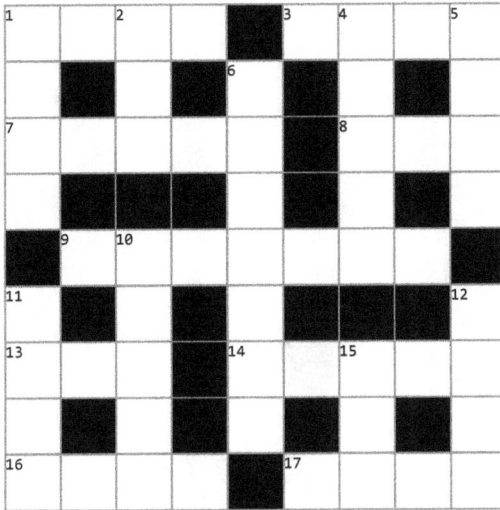

## Horizontal

1. dos
3. rapide
7. tons
8. ajouter
9. *(je)* palpais
13. grand
14. choc
16. oreilles
17. veine

## Vertical

1. tous les deux
2. bidon
4. de nouveau
5. marée
6. inutilisable
10. désireux
11. capable
12. peau
15. devoir

No. 44

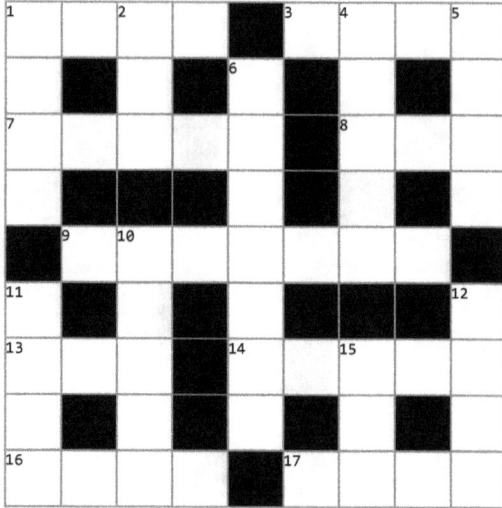

### Horizontal

1. morsure; mordre
3. lois
7. grand
8. mendier
9. au revoir
13. chope
14. couche
16. neuf
17. visage; faire face à

### Vertical

1. sacs
2. orteil
4. abbaye
5. panneau; signer; signe
6. étudiant
10. organe
11. présage
12. taper à la machine
15. petit pois

No. 45

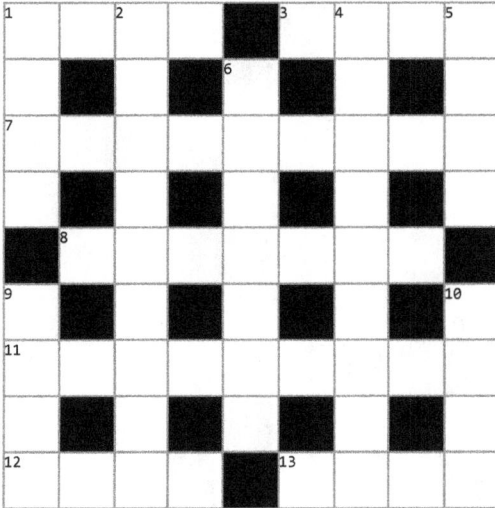

## Horizontal

1. cou
3. ouvert; ouvrir
7. donc
8. statues
11. surpris
12. bureau
13. vrai

## Vertical

1. filets
2. créatures
4. professeur
5. avoir besoin de
6. geste
9. seconde main
10. oisif

No. 46

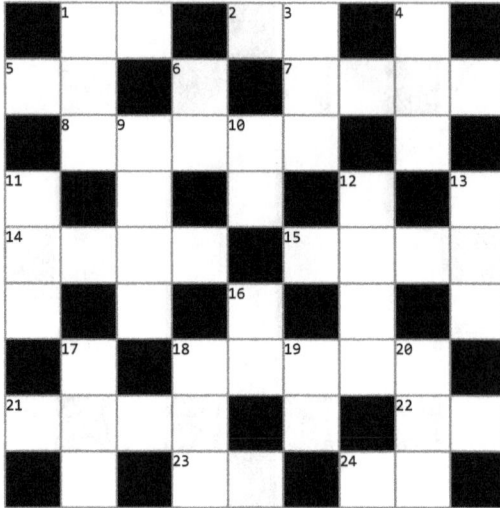

## Horizontal

1. un
2. en haut
5. ou
7. pulsion
8. manger (2,3)
14. soie
15. cher
18. mines
21. puce
22. nous
23. faire
24. dans

## Vertical

1. art
3. (je) place
4. âge
6. être
9. unique
10. à
11. demander
12. ici
13. pleur; pleurer
16. salut
17. vieux
18. fou
19. pas de
20. soleil

No. 47

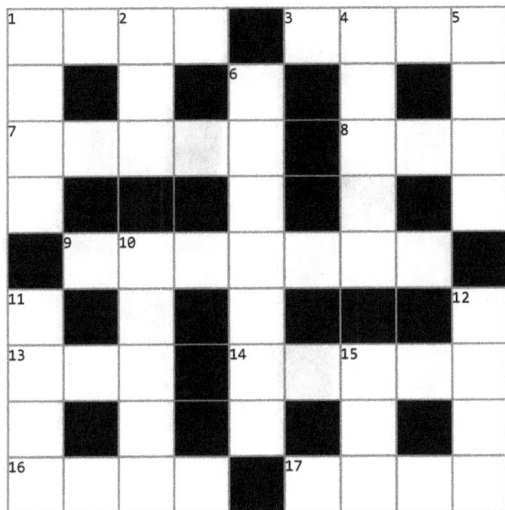

## Horizontal

1. haricot
3. imbécile
7. citron
8. aussi
9. trou
13. bizarre
14. écrire
16. palpé
17. garder

## Vertical

1. balle
2. bras
4. souvent
5. regarder; air
6. inconnu
10. pédaler
11. loup
12. aide; aider
15. glace

No. 48

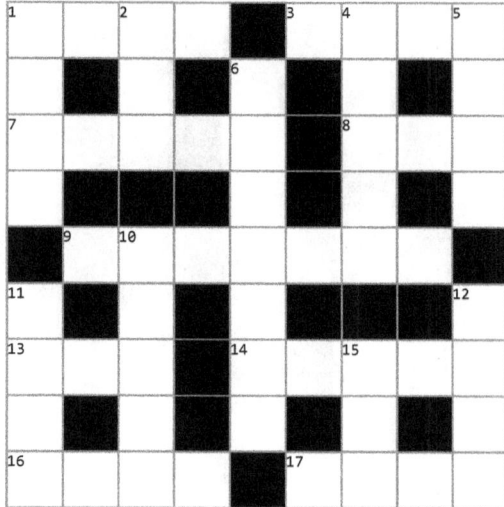

## Horizontal
1. chaque
3. tante
7. égout
8. monsieur
9. cruauté
13. hibou
14. oignon
16. rouiller; rouille
17. dans

## Vertical
1. facile
2. vache
4. énerver
5. pneu
6. liberté
10. règles
11. quatre
12. sur
15. auberge

No. 49

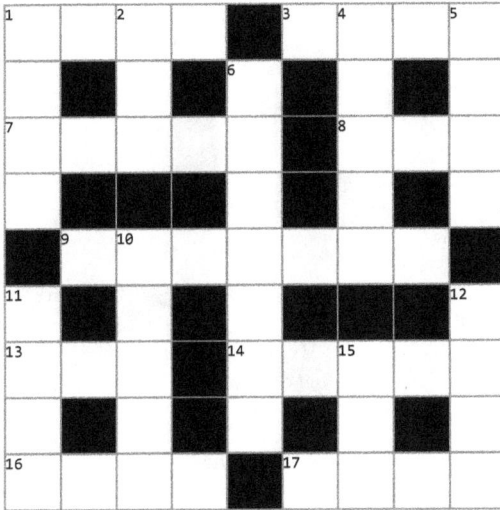

## Horizontal

1. copier; copie
3. haut
7. esprits
8. vigile
9. à cause de
13. fourmi
14. lignes
16. sûr
17. fines

## Vertical

1. venir
2. stylo; plume
4. idées
5. talon
6. généralement
10. entrer
11. passer; passe
12. usages
15. nonne

No. 50

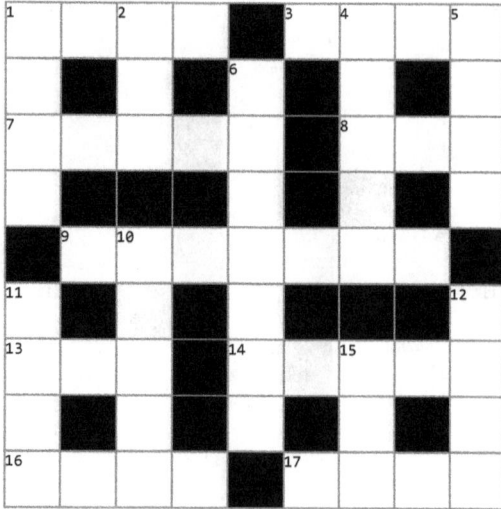

## Horizontal

1. teint
3. queue
7. sorcière
8. un
9. recouvrer
13. tasse
14. tombe
16. jours
17. clés

## Vertical

1. à bas
2. manger
4. seul
5. mensonges
6. par
10. vide
11. aigre
12. moins
15. hache

No. 51

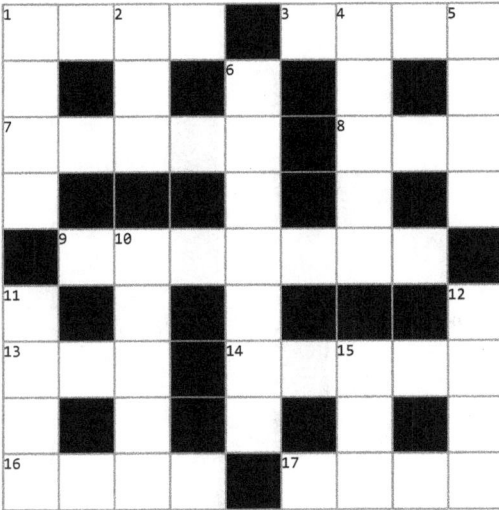

## Horizontal

1. peau
3. neuf
7. visiter; visite
8. cendre
9. manches
13. point
14. élève
16. oreilles
17. (je) suis venu

## Vertical

1. sauver
2. son
4. image
5. écho
6. tenter
10. plus en retard
11. bord
12. indice
15. petit pois

No. 52

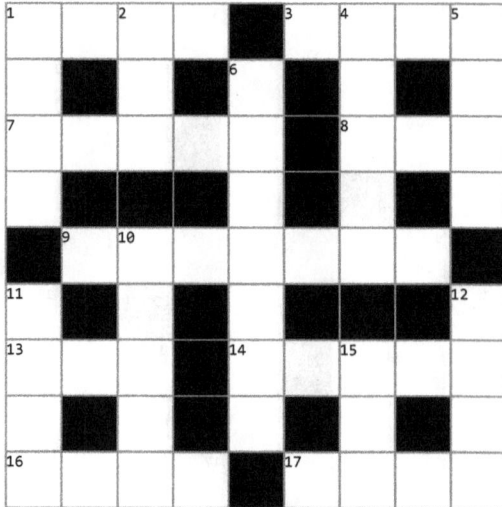

## Horizontal

1. lois
3. viande
7. sport
8. mauvais
9. confrères
13. chope
14. outils
16. filets
17. mauvaise herbe

## Vertical

1. perdu
2. qui
4. coude
5. marée
6. athlète
10. huit
11. présage
12. seconde main
15. devoir

No. 53

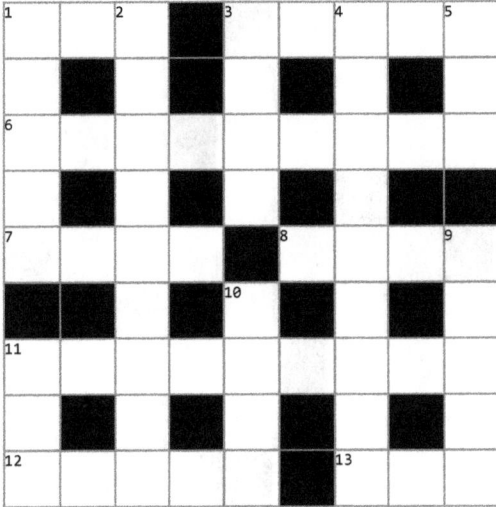

## Horizontal

1. coudre
3. voler
6. détergent
7. *(il)* voie
8. mijoter
11. champignons
12. bureaux
13. elle

## Vertical

1. côtés
2. témoignages
3. trier; type
4. élections
5. laisser
9. gaspillage
10. arts
11. fou

No. 54

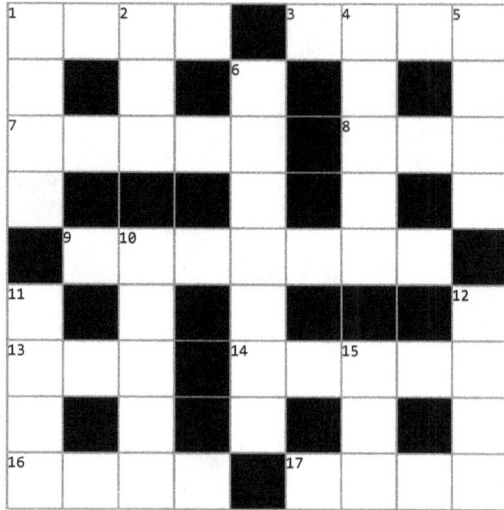

### Horizontal

1. lueur
3. menton
7. nord
8. maintenant
9. statues
13. épingle
14. métal
16. nez
17. vente

### Vertical

1. pistolets
2. notre
4. gond
5. nouvelles
6. rythmes
10. tons
11. sur
12. coller; colle
15. thé

## No. 55

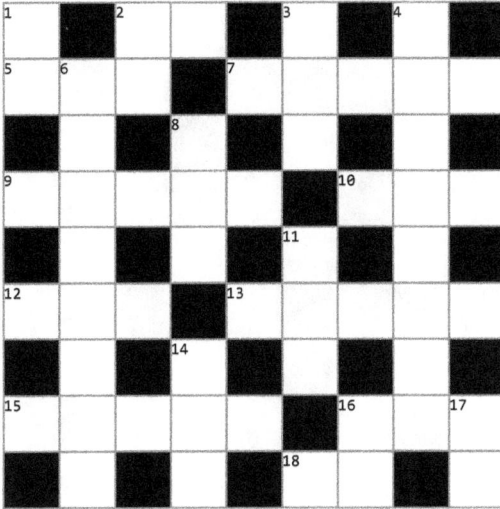

### Horizontal

2. un
5. *(je)* place
7. tigre
9. le long de
10. couvercle
12. encre
13. amoureux
15. à côté
16. salle de gymnastique
18. faire

### Vertical

1. en haut
2. à
3. être assis
4. livraison
6. laideur
8. et
11. dodeliner la tête
14. ajouter
16. aller
17. mon

No. 56

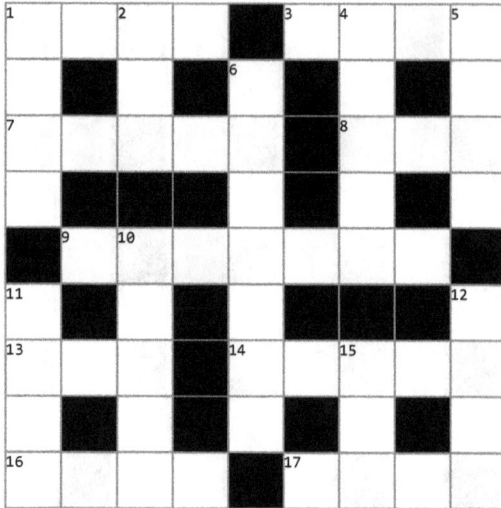

### Horizontal

1. chaussette
3. tel
7. quarante
8. *(je)* ai vu
9. société
13. tige
14. présents
16. ver
17. fines

### Vertical

1. en sécurité
2. voiture
4. énerver
5. hurlement
6. seringue
10. ordre; ranger
11. grandir
12. usages
15. ventilateur

## No. 57

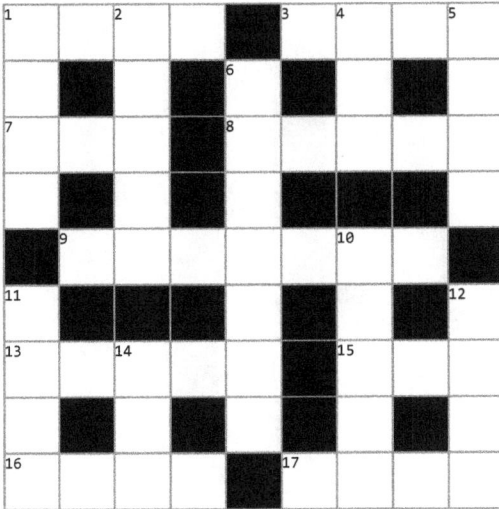

### Horizontal

1. faire rouler
3. guider; pl
7. mer
8. aigle
9. septième
13. frapper (2,3)
15. tout
16. page
17. équipe

### Vertical

1. rouiller; rouille
2. laisser
4. œuf
5. teint
6. soixante-dix
10. trace
11. faire un pas
12. prune
14. étreinte

# No. 58

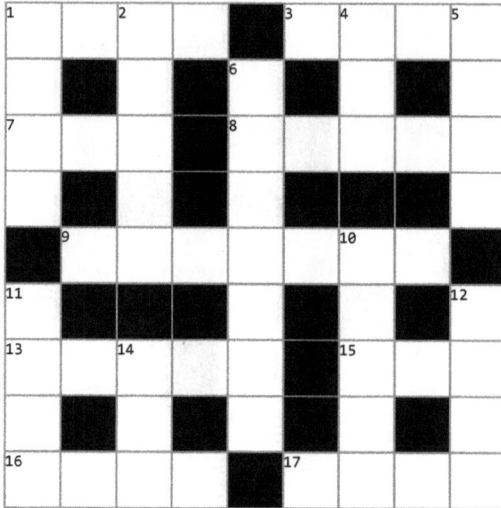

## Horizontal

1. manque; manquer
3. sentier
7. noix
8. nerf
9. tonnerre
13. paille
15. le
16. quelque
17. vrai

## Vertical

1. chemin
2. attraper
4. air
5. talon
6. inconnu
10. entrer
11. *(il)* demande
12. ici
14. bélier

No. 59

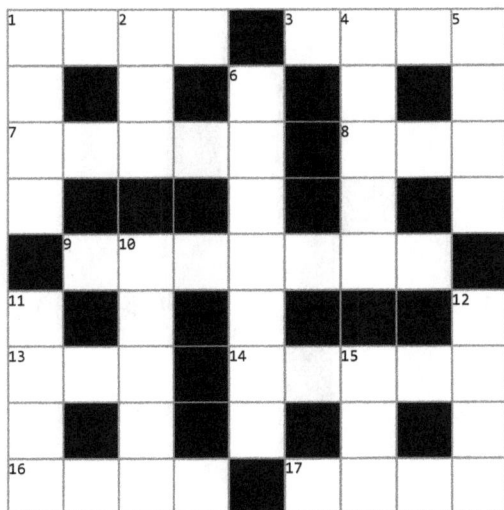

## Horizontal

1. prison
3. navire; poster
7. argent
8. soleil
9. protestation
13. pécher
14. rivière; fleuve
16. disque
17. envier

## Vertical

1. saut; sauter
2. auberge
4. hôtes
5. étang
6. huîtres
10. anneaux
11. seconde main
12. gris
15. fourgon

## No. 60

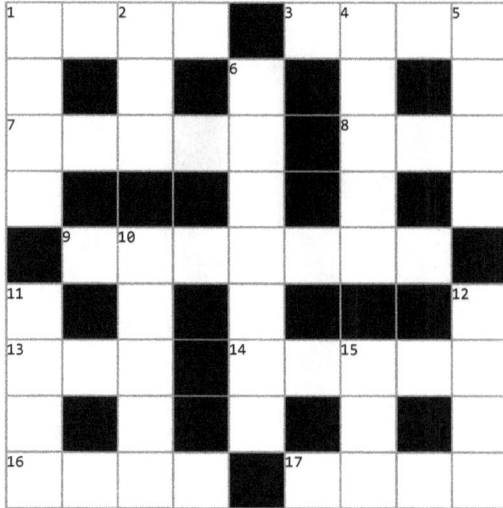

### Horizontal

1. devoir
3. cheveux
7. canoë
8. courir
9. symboles
13. petit pois
14. rocheux
16. nid
17. genou

### Vertical

1. dés
2. dix
4. avril
5. louer; loyer
6. membres
10. années
11. ouvert; ouvrir
12. taper à la machine
15. bidon

## No. 61

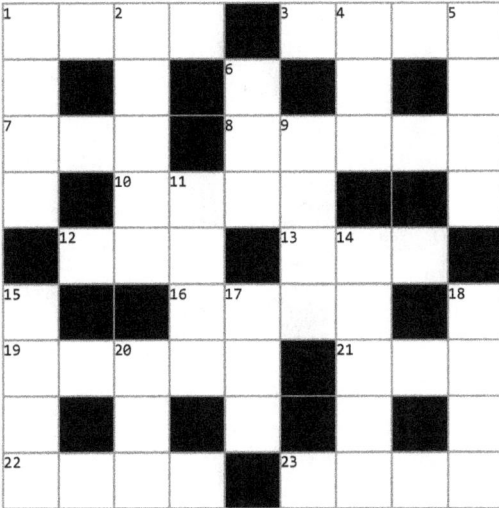

### Horizontal

1. riche
3. ensoleillé; beau
7. mensonge; être étendu
8. ces
10. aussi
12. un
13. coucher
16. nourrir
19. teuf
21. huile
22. marée
23. mijoter

### Vertical

1. gouverner
2. nettoyer; propre
4. glace
5. toujours
6. son
9. creux
11. gauche
14. adopter
15. embrocher
17. œil
18. griffe; griffer
20. rouge

## No. 62

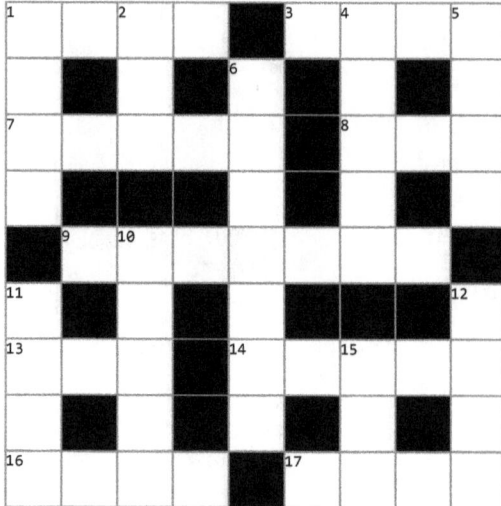

### Horizontal

1. esprit
3. outil
7. déjeuner
8. peu
9. usine
13. pari
14. concorder
16. oreilles
17. place

### Vertical

1. mâle
2. nonne
4. offrir; offre
5. gazon
6. rythmes
10. acteur
11. capable
12. que
15. orteil

# No. 63

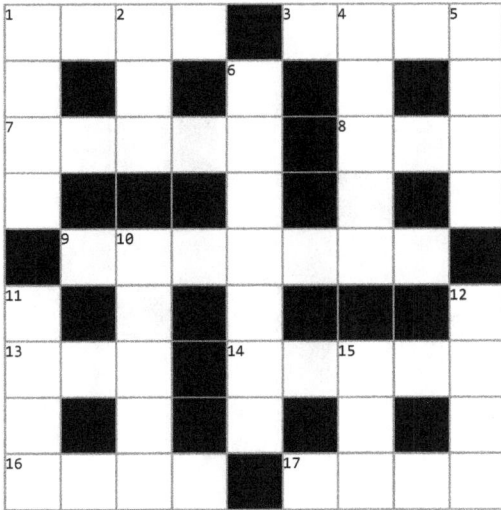

## Horizontal

1. bol
3. traîner
7. infirmier
8. lit
9. maladie
13. ajouter
14. *(je)* réfléchis
16. taxi
17. plan; projeter

## Vertical

1. groupe
2. guerre
4. robes
5. dieux
6. défaites
10. index
11. charrette
12. peau
15. malade

## No. 64

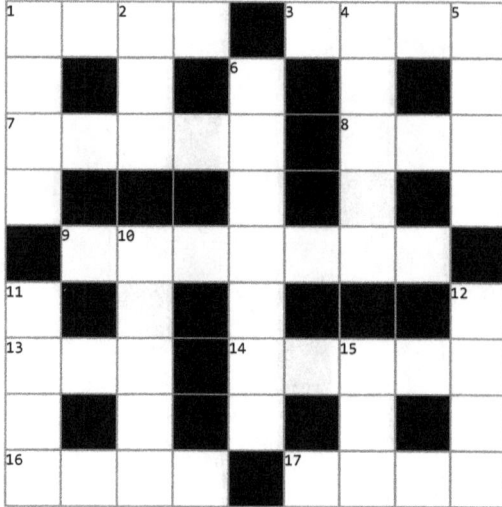

### Horizontal
1. poisson; pêcher
3. excursion
7. vis
8. œuf
9. poisons
13. couper
14. terre
16. sable
17. obéir

### Vertical
1. rapide
2. monsieur
4. océan
5. chiffons
6. tordu
10. souvent
11. actes
12. ils
15. voler

## No. 65

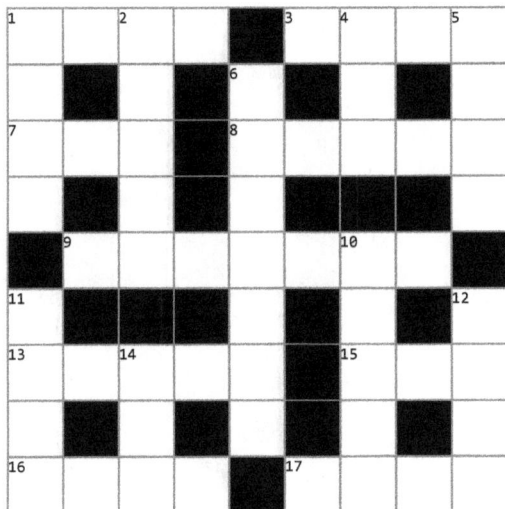

### Horizontal

1. appât
3. sourd
7. voir
8. idéal
9. inutilisable
13. union
15. fin; finir
16. aimer; pareil
17. bleu

### Vertical

1. meilleur
2. idées
4. vigile
5. palpé
6. compagnie aérienne
10. sentir; odeur
11. émoussé
12. bord
14. encre

No. 66

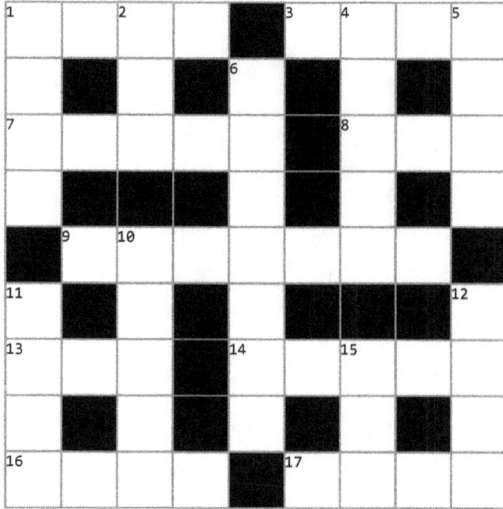

**Horizontal**

1. long
3. arrière
7. détacher
8. deux
9. oriental
13. carte
14. désireux
16. avoir besoin de
17. sur

**Vertical**

1. fort
2. filet
4. entrer
5. racine
6. météo; temps
10. pomme
11. présage
12. repasser; fer
15. brèche

## No. 67

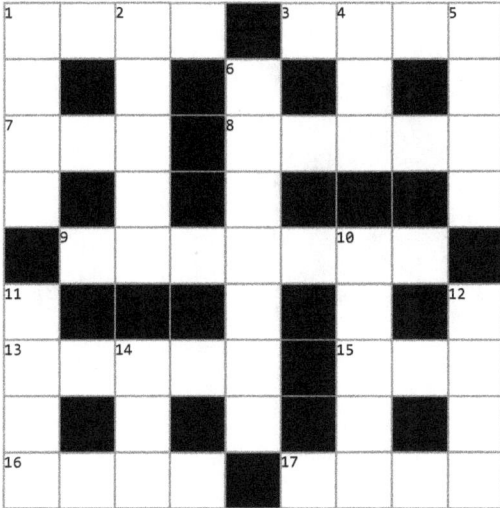

### Horizontal
1. prier
3. crochet
7. devoir
8. terres
9. adresse
13. oasis
15. âge
16. peler; pelure
17. jouer; pièce de théâtre

### Vertical
1. pauvre
2. devant
4. posséder; propre
5. embrasser; baiser
6. fleuriste
10. petit
11. boucle
12. très
14. elle

No. 68

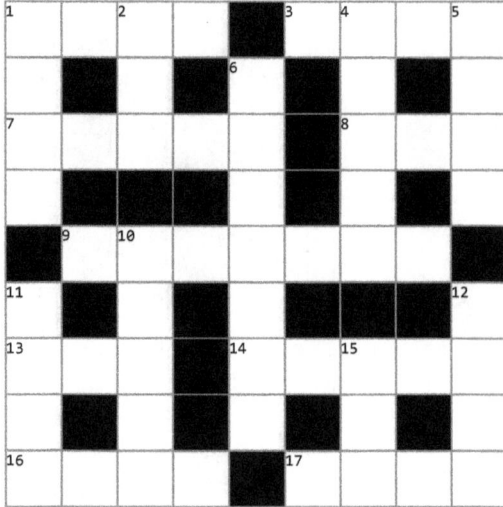

### Horizontal

1. personne
3. envoyer
7. nerf
8. pot
9. au revoir
13. aide; aider
14. choisir
16. héros
17. aide; aider

### Vertical

1. neuf
2. ni
4. profiter de
5. obscur
6. aiguilles
10. ordre; ranger
11. bain
12. faire un pas
15. œil

# No. 69

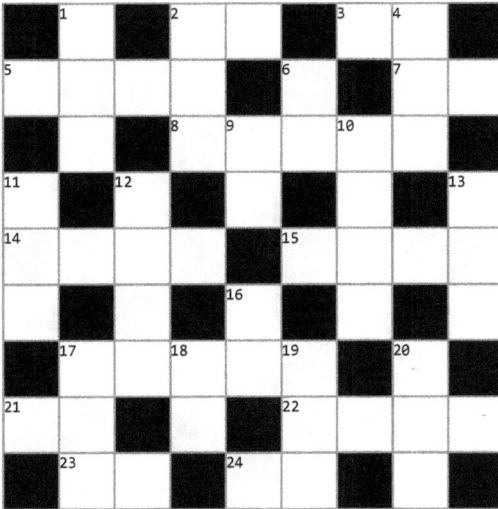

## Horizontal

2. pas de
3. un
5. dédale
7. en haut
8. taille
14. lignes
15. salaire
17. mourant
21. faire
22. usages
23. aller
24. mon

## Vertical

1. fourgon
2. nouveau
4. noix
6. salut
9. à
10. claque
11. art
12. loin
13. rosée
16. dans
17. chien
18. si
19. mec
20. hé

No. 70

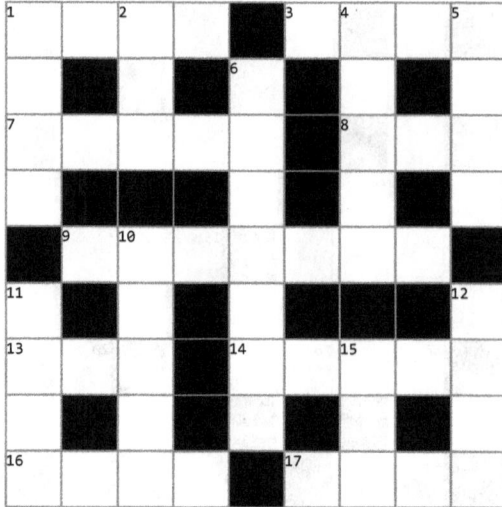

**Horizontal**

1. mijoter
3. énorme
7. mètre
8. glace
9. bleues
13. auberge
14. titre
16. disque
17. grotte; caverne

**Vertical**

1. sommes
2. manger
4. unir
5. toujours
6. artistes
10. anneaux
11. oiseau
12. ici
15. thé

No. 71

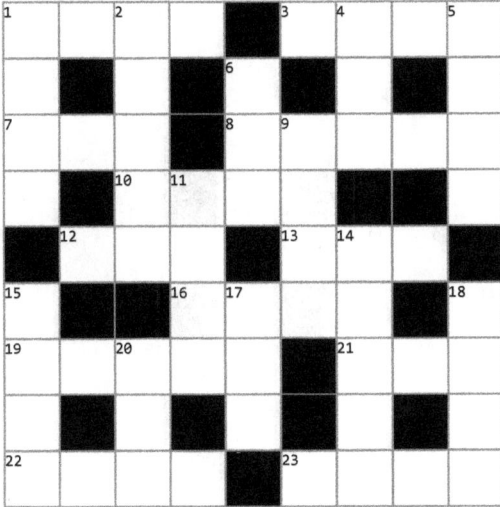

## Horizontal

1. âme
3. peur; craindre
7. ajouter
8. sangle
10. écho
12. soutien-gorge
13. maintenant
16. alors
19. sentir
21. malade
22. chanson
23. genou

## Vertical

1. phoque
2. sous
4. oreille
5. corde
6. cendre
9. ton
11. chats
14. oignon
15. (il) demande
17. son
18. indice
20. nonne

No. 72

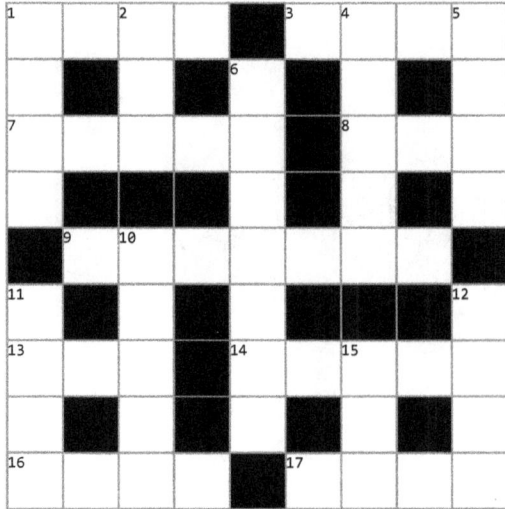

### Horizontal

1. femme
3. agneau
7. loyal
8. bélier
9. signaux
13. salut
14. ces
16. est
17. repas

### Vertical

1. sauvage
2. faire frire
4. avril
5. bombarder; bombe
6. planètes
10. idées
11. capable
12. guérir
15. vigile

No. 73

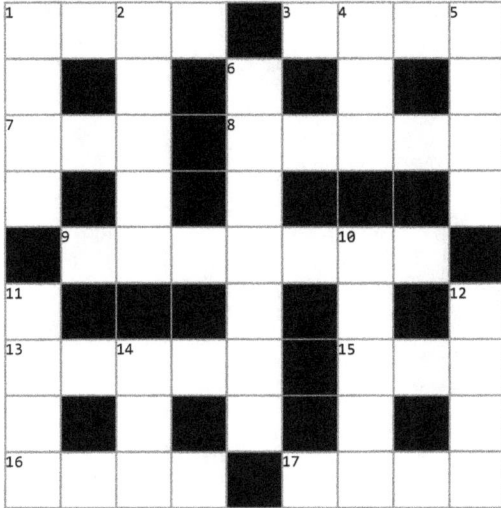

## Horizontal

1. envelopper
3. calme
7. chiffon
8. reine
9. prêtres
13. valse
15. un
16. filets
17. troupeau

## Vertical

1. guerres
2. mettre en colère
4. hache
5. beaucoup de
6. presser
10. ces
11. cygne
12. avoir besoin de
14. laisser

## No. 74

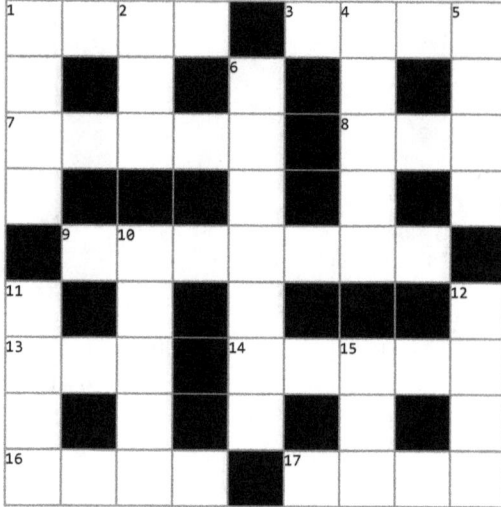

### Horizontal

1. écume
3. promenade; marcher
7. servir
8. le
9. fleurs
13. épingle
14. aigle
16. nid
17. seconde main

### Vertical

1. poing
2. air
4. acteur
5. garder
6. entre
10. chemins
11. tournoyer
12. tête
15. gaz

## No. 75

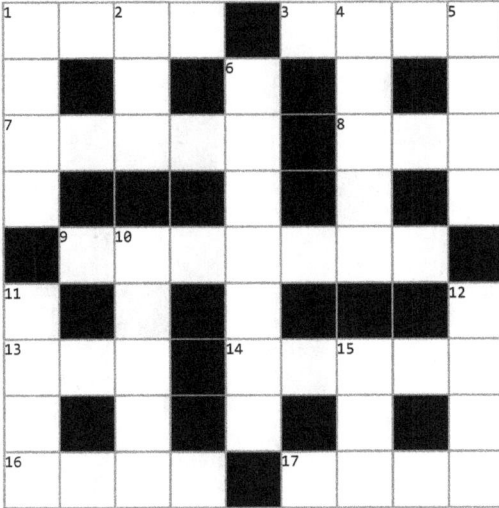

### Horizontal

1. puce
3. tuer
7. dents
8. as
9. parties
13. encre
14. argent
16. dame
17. vrai

### Vertical

1. destin
2. œil
4. image
5. mensonges
6. rythmes
10. demandé
11. colline
12. taper à la machine
15. ni

No. 76

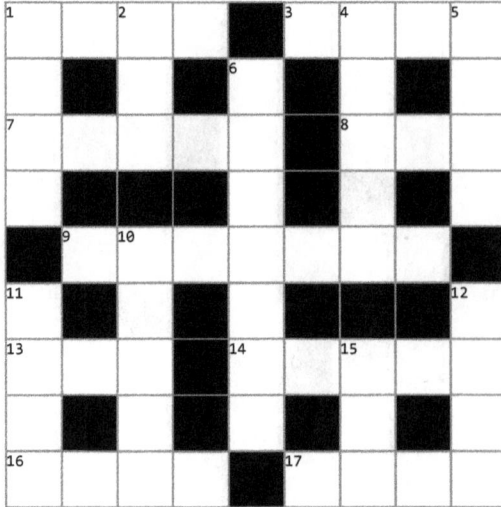

## Horizontal
1. livre; réserver
3. sacs
7. terres
8. voler; mouche
9. enfin
13. voir
14. levier
16. vente
17. neige; neiger

## Vertical
1. balle
2. posséder; propre
4. terrible
5. (il) dit
6. généralement
10. idéal
11. usages
12. grandir
15. fourgon

## No. 77

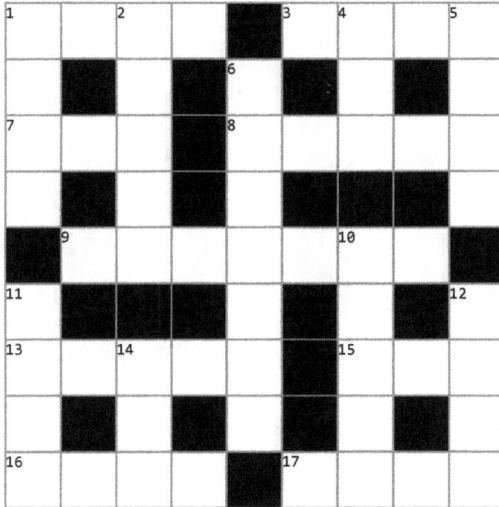

### Horizontal

1. porte
3. humide
7. chut
8. roses
9. écrit
13. pages
15. auberge
16. tombe
17. mijoter

### Vertical

1. bureau
2. autre
4. âne
5. passé
6. protestation
10. exister
11. embrocher
12. savoir
14. salle de gymnastique

No. 78

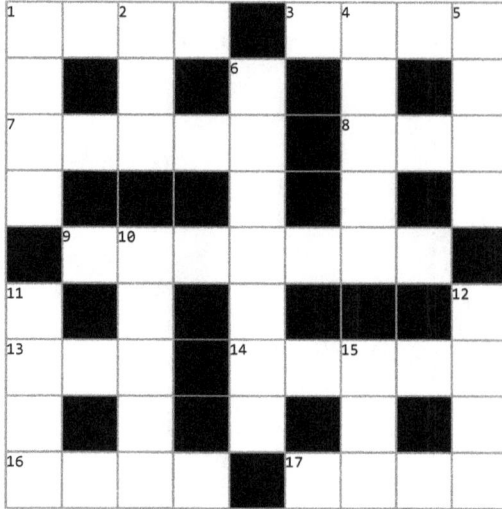

### Horizontal
1. écho
3. quitter
7. attraper
8. dû
9. pays
13. glace
14. désireux
16. ligne
17. rester

### Vertical
1. chaque
2. chapeau
4. sous
5. ils
6. tonnerre
10. océan
11. pilule
12. gris
15. obtenir

No. 79

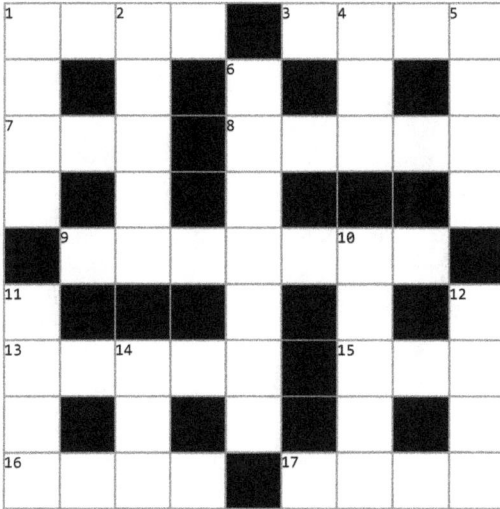

## Horizontal

1. bague
3. quoi
7. mendier
8. maire
9. cordes
13. seul
15. huile
16. sel
17. ici

## Vertical

1. robe de chambre
2. nuit
4. hé
5. tour; tourner
6. empires
10. oie
11. passer; passe
12. indice
14. hibou

No. 80

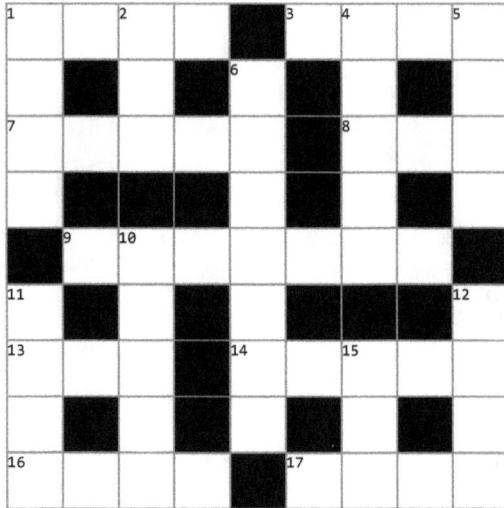

### Horizontal
1. troupeau
3. phoque
7. chansons
8. manger
9. athlète
13. devoir
14. transpirer; sueur
16. avoir besoin de
17. herbe

### Vertical
1. hôte
2. courir
4. choisir
5. tard
6. inutilisable
10. là
11. klaxon
12. poignarder
15. vigile

# No. 81

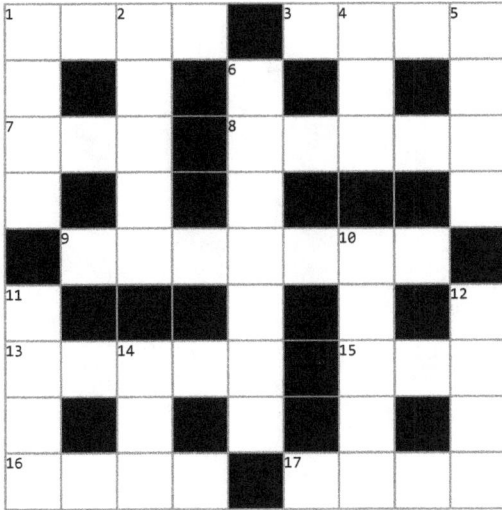

## Horizontal

1. se reposer; repos
3. rare
7. mer
8. eau
9. message
13. forme
15. notre
16. sembler
17. très

## Vertical

1. rouiller; rouille
2. serpent
4. fourmi
5. oreilles
6. tordu
10. gant
11. *(il)* demande
12. armée
14. âge

No. 82

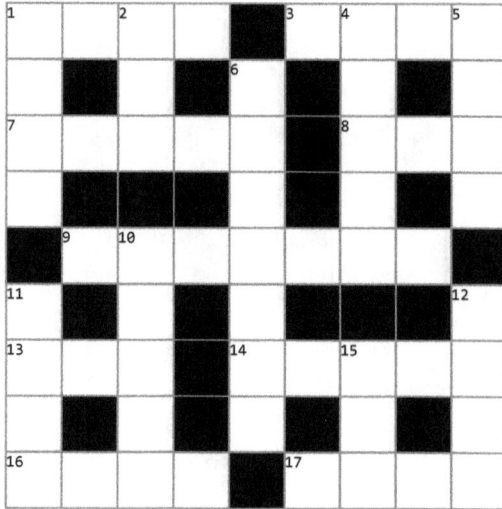

### Horizontal
1. foutu
3. larve
7. argent
8. mensonge; être étendu
9. matières
13. malade
14. rocheux
16. à bas
17. pulsion

### Vertical
1. décharge
2. homme
4. règle
5. abeilles
6. huîtres
10. laisser
11. sauvage
12. taper à la machine
15. voiture

## No. 83

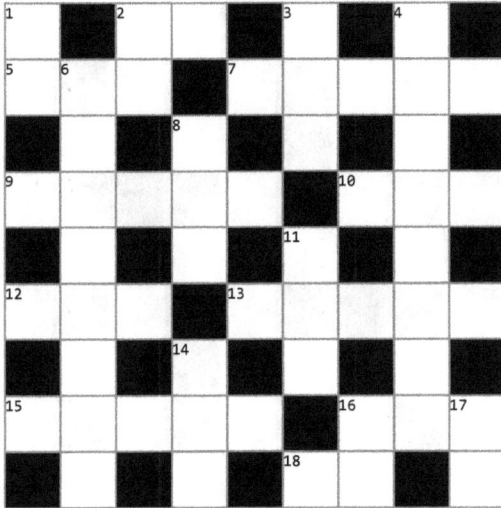

### Horizontal

2. si
5. être assis
7. panique
9. cœur
10. cravate; lier
12. bras
13. vue
15. visages
16. ajouter
18. dans

### Vertical

1. nous
2. il
3. carte
4. fini
6. glace
8. art
11. siroter; gorgée
14. rouge
16. un
17. faire

No. 84

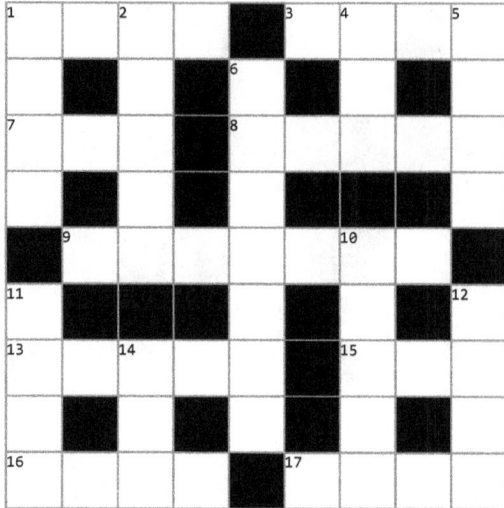

## Horizontal
1. monceau
3. roche
7. dix
8. nettoyer; propre
9. généralement
13. musique
15. thé
16. prochain
17. vrai

## Vertical
1. sentier
2. chemins
4. un
5. genre
6. égratignure; gratter
10. plus en retard
11. présage
12. dédale
14. six

## No. 85

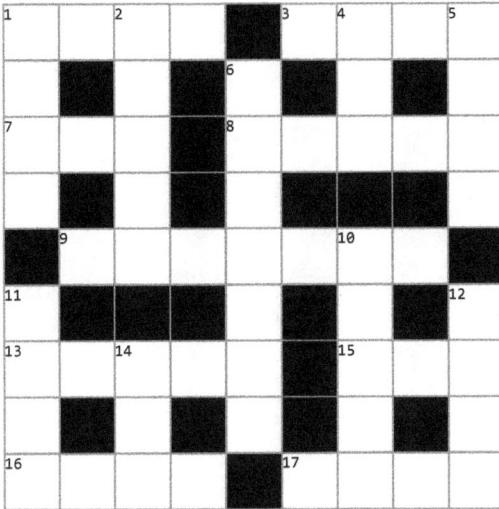

### Horizontal

1. heure
3. tâches
7. âne
8. clôture
9. rues
13. huit
15. deux
16. durer; dernier
17. place

### Vertical

1. chauffer; chaleur
2. énerver
4. posséder; propre
5. *(il)* voie
6. effets
10. titre
11. palper
12. chèvre
14. gaz

# No. 86

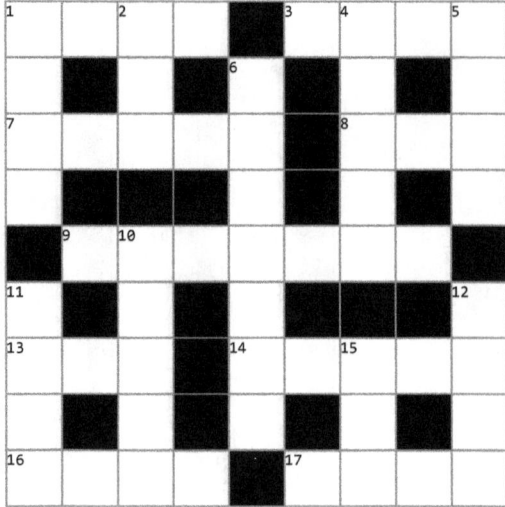

### Horizontal

1. poète
3. relier
7. épeler
8. hache
9. fées
13. *(je)* place
14. entacher; tache
16. cou
17. lentille

### Vertical

1. passé
2. œil
4. image
5. garder
6. fleuriste
10. grenier
11. ouvert; ouvrir
12. fines
15. as

# No. 87

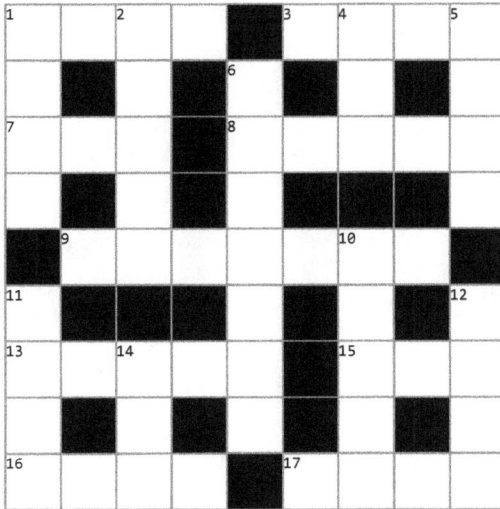

## Horizontal

1. nid
3. charrette
7. perruque
8. demandé
9. prêtres
13. nuit
15. coudre
16. avoine
17. veine

## Vertical

1. nouvelles
2. sucre
4. demander
5. marée
6. parents
10. goût
11. dans
12. cygne
14. obtenir

No. 88

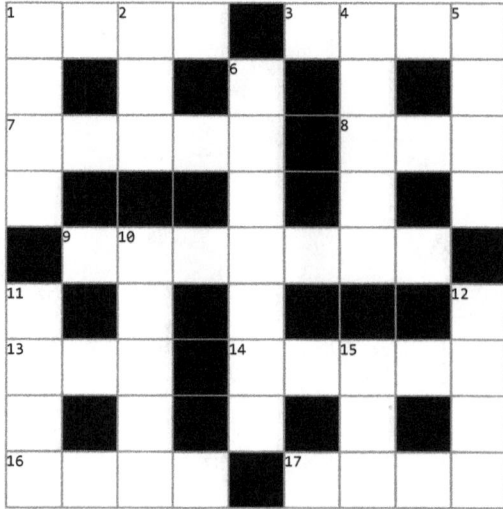

## Horizontal

1. envoyer
3. claque
7. concorder
8. âge
9. à jamais
13. noix
14. épreuves
16. minuscule
17. jambes

## Vertical

1. sommes
2. filet
4. laisser
5. peler; pelure
6. menaces
10. souvent
11. nœud; nouer
12. usages
15. elle

No. 89

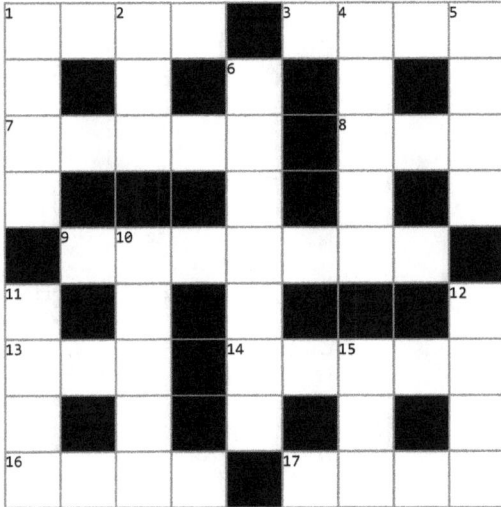

## Horizontal

1. poussière
3. faire rouler
7. nord
8. fils
9. pianiste
13. aide; aider
14. de bonne heure
16. taxi
17. bord

## Vertical

1. cabosser
2. monsieur
4. oasis
5. poumon
6. changements
10. index
11. besoin; vouloir
12. taper à la machine
15. tige

No. 90

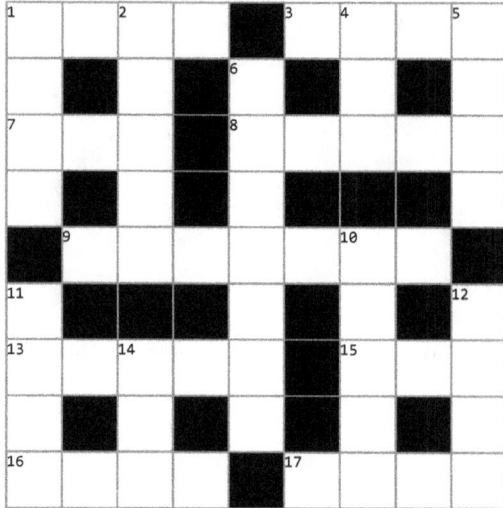

## Horizontal

1. semence
3. pied
7. creuser
8. là
9. à cause de
13. crique
15. aussi
16. terre
17. seconde main

## Vertical

1. côté
2. aigle
4. devoir
5. ils
6. attaques
10. sites
11. aigre
12. nourriture
14. oreille

No. 91

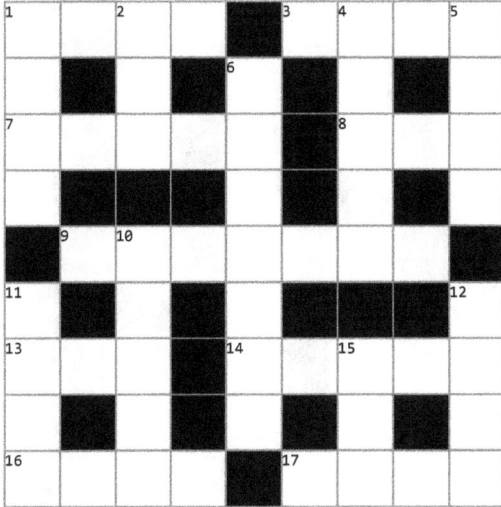

### Horizontal

1. décharge
3. envelopper
7. maire
8. être assis
9. dentiste
13. fourmi
14. tout
16. tour; tourner
17. querelle

### Vertical

1. foutu
2. mai
4. roses
5. sentier
6. frère
10. entrer
11. radeau
12. teint
15. vigile

No. 92

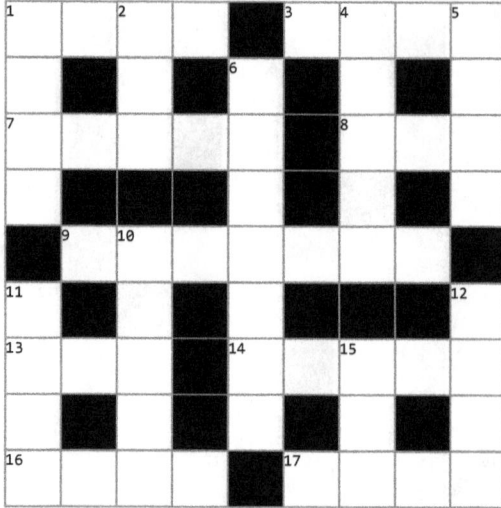

### Horizontal

1. sauvage
3. clés
7. *(il)* palpe
8. chiffon
9. sain
13. hanche
14. depuis
16. *(il)* dit
17. tambour

### Vertical

1. femme
2. mensonge; être étendu
4. terre
5. panneau; signer; signe
6. inutilisable
10. vide
11. ce
12. germe
15. ni

No. 93

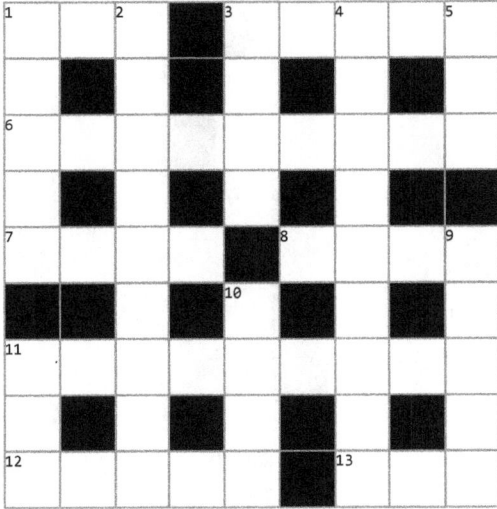

## Horizontal

1. voie
3. gazons
6. s'étirer (2,7)
7. talon
8. arrière
11. adresses
12. loyal
13. apeuré

## Vertical

1. sorcière
2. hier
3. seigneur
4. témoignages
5. chut
9. risqué
10. guérir
11. tout

No. 94

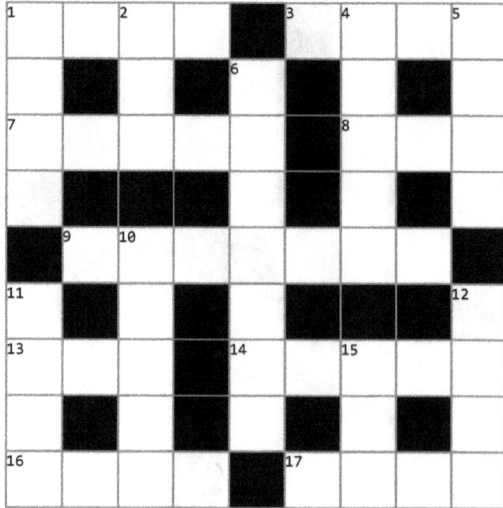

## Horizontal

1. grain de beauté
3. mort
7. plus en retard
8. acte; agir
9. anxiété
13. interdire
14. avril
16. écho
17. envier

## Vertical

1. lait
2. laisser
4. exact
5. points
6. arrivée
10. neuvième
11. capable
12. jouer; pièce de théâtre
15. courir

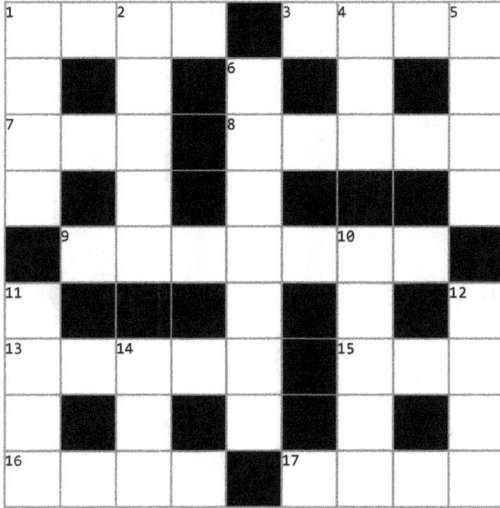

### Horizontal

1. aigre
3. nom
7. tasse
8. tamis
9. respirer
13. chameau
15. mélanger
16. barreau
17. nœud; nouer

### Vertical

1. chaussette
2. supérieur
4. as
5. toujours
6. généralement
10. humain
11. cicatrice
12. sortie; sortir
14. homme

No. 96

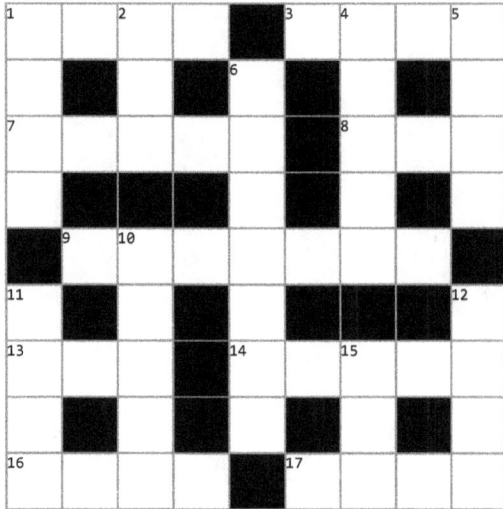

### Horizontal
1. régime
3. dédale
7. transpirer; sueur
8. se moquer; chevreau
9. périodes
13. usage
14. tombe
16. plaindre; compassion
17. nouvelles

### Vertical
1. disque
2. œil
4. demandé
5. fines
6. cordes
10. événement
11. masse
12. lentille
15. hache

No. 97

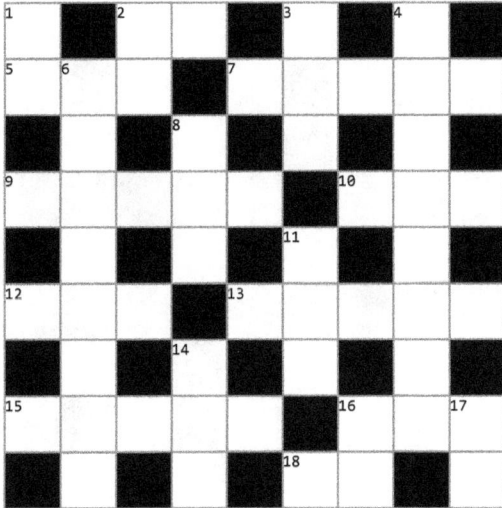

## Horizontal

2. être
5. voler; mouche
7. humeurs
9. éclater
10. siroter; gorgée
12. le
13. commencer
15. plage
16. et
18. dans

## Vertical

1. si
2. à côté de
3. orteil
4. addition
6. rire
8. demander
11. mouiller
14. glace
16. un
17. faire

No. 98

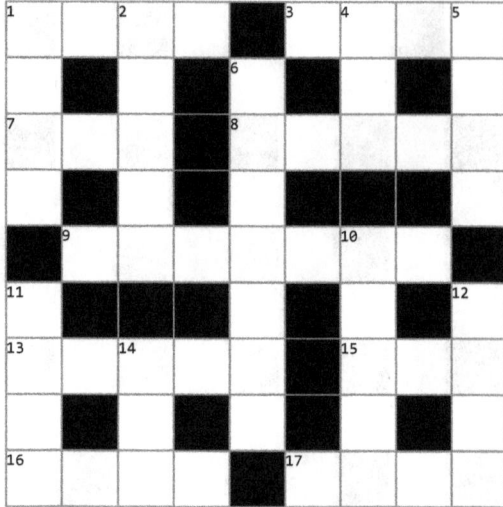

### Horizontal

1. chef
3. trier; type
7. voir
8. file
9. insectes
13. valse
15. encre
16. nu
17. quand

### Vertical

1. coûter
2. océan
4. devoir
5. ils
6. presser
10. cuisse
11. cygne
12. peau
14. couvercle

## No. 99

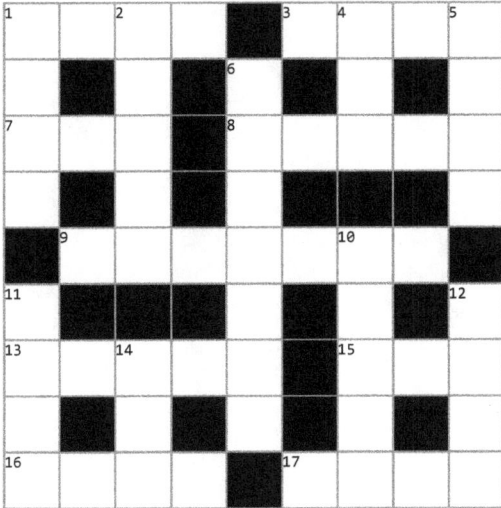

### Horizontal
1. guider; pl
3. battre
7. deux
8. là
9. sain
13. pilote
15. nonne
16. alors
17. ici

### Vertical
1. tard
2. seul
4. vigile
5. les
6. athlète
10. gond
11. embrocher
12. genou
14. mensonge; être étendu

No. 100

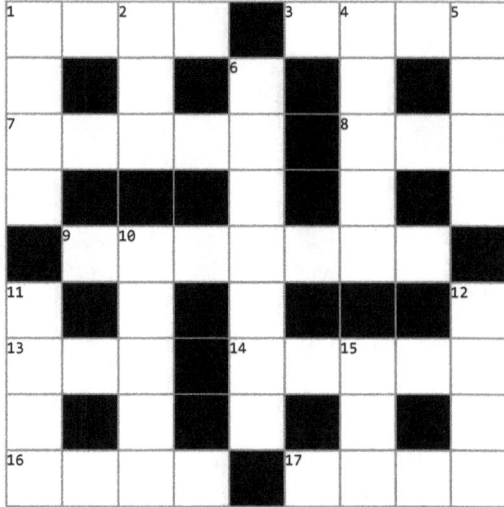

### Horizontal
1. corde
3. poteau
7. ange
8. chien
9. laverie
13. robinet
14. outils
16. semaine
17. semence

### Vertical
1. charbon
2. chiffon
4. ordre; ranger
5. bord
6. planètes
10. pomme
11. mijoter
12. seconde main
15. un

No. 101

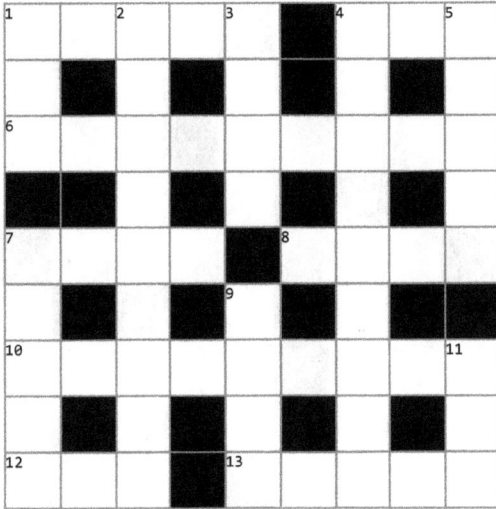

## Horizontal
1. crochets
4. brèche
6. donc
7. prier
8. jambes
10. guitariste
12. soleil
13. goût

## Vertical
1. chapeau
2. opération
3. sembler
4. courses
5. poètes
7. pages
9. charrette
11. cravate; lier

No. 102

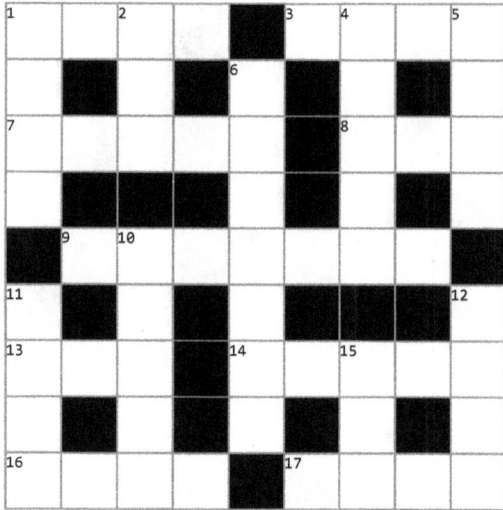

## Horizontal

1. maison
3. temps
7. panique
8. cendre
9. cependant
13. chaud
14. nouveau
16. neuf
17. sur

## Vertical

1. espérer; espoir
2. homme
4. image
5. écho
6. écrans
10. souvent
11. menton
12. aussi
15. fourgon

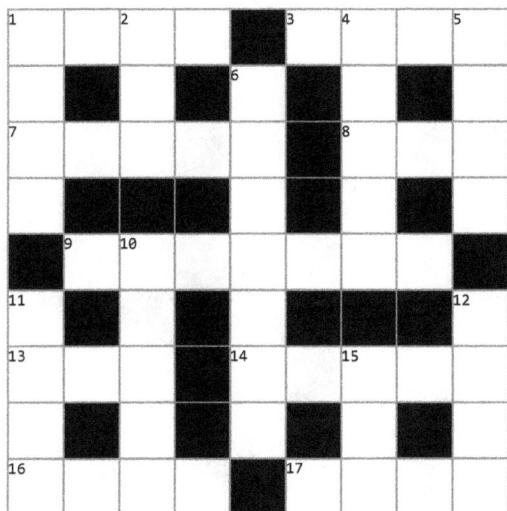

### Horizontal

1. pièce; espace
3. gauche
7. grand
8. épingle
9. au revoir
13. étreinte
14. couche
16. beaucoup de
17. sauver

### Vertical

1. gouverner
2. notre
4. vide
5. thon
6. mariage
10. organe
11. que
12. taper à la machine
15. petit pois

No. 104

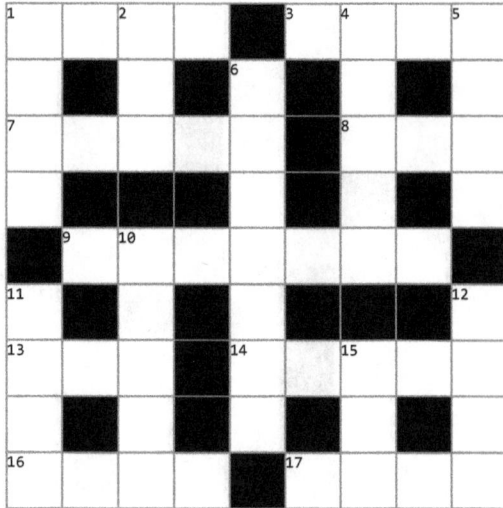

## Horizontal

1. *(il)* place
3. faire un pas
7. sommeil; dormir
8. *(il)* ait
9. réalité
13. obtenir
14. présents
16. sûr
17. axe

## Vertical

1. passé
2. orteil
4. frapper (2,3)
5. passer; passe
6. excuse
10. entrer
11. âges
12. usages
15. renard

## No. 105

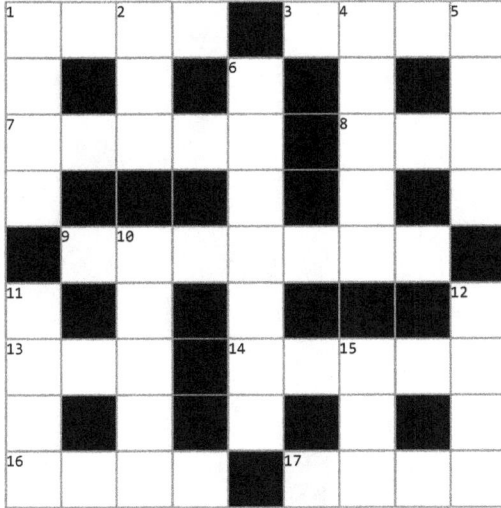

### Horizontal

1. pots
3. pendre
7. déjeuner
8. hibou
9. moyenne
13. abeille
14. trois
16. facile
17. présage

### Vertical

1. tirer
2. dix
4. le long de
5. doré
6. assoiffé
10. vues
11. capable
12. veine
15. bélier

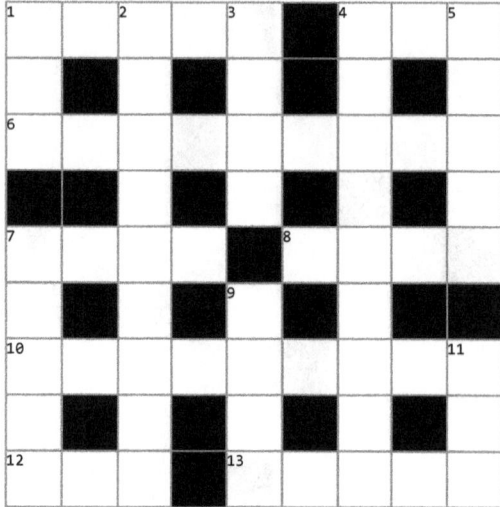

## Horizontal

1. filles
4. mendier
6. escalier
7. datte
8. peau
10. épaules
12. oui
13. s'asseoir (2,3)

## Vertical

1. gaz
2. réactions
3. trier; type
4. noirceur
5. vert
7. poussiéreux
9. plan
11. être assis

No. 107

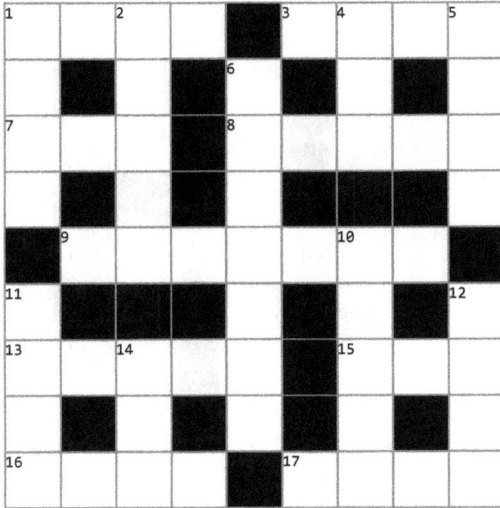

## Horizontal

1. rouiller; rouille
3. appât
7. bidon
8. hôtel
9. inverse
13. entendu
15. ramer; ligne
16. chute
17. vu

## Vertical

1. riz
2. depuis
4. acte; agir
5. péage
6. boucliers
10. servir
11. chef de cuisine; chef cuisinier
12. cygne
14. tout

No. 108

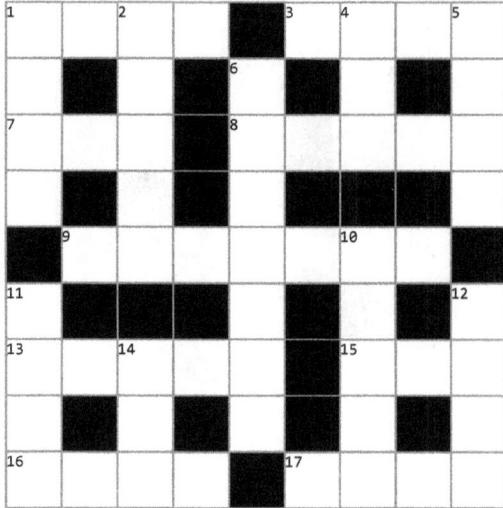

## Horizontal

1. cartes
3. alors
7. chat
8. goût
9. généralement
13. déclic; cliquer
15. serpillière
16. disque
17. nœud; nouer

## Vertical

1. beaucoup
2. sentiers
4. son
5. avoir besoin de
6. attaques
10. citron
11. aigre
12. embrocher
14. son

No. 109

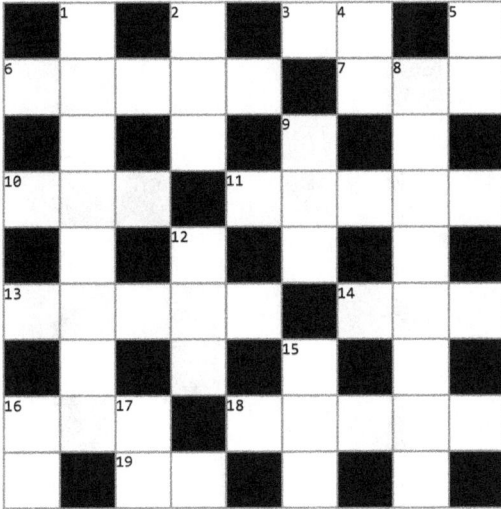

## Horizontal

3. aller
6. cuisse
7. courir
10. tasse
11. bruit
13. chaîne
14. confiture
16. cendre
18. troisième
19. si

## Vertical

1. idées
2. œuf
4. ou
5. un
8. en haut
9. dessus
12. siroter; gorgée
15. chut
16. à
17. salut

No. 110

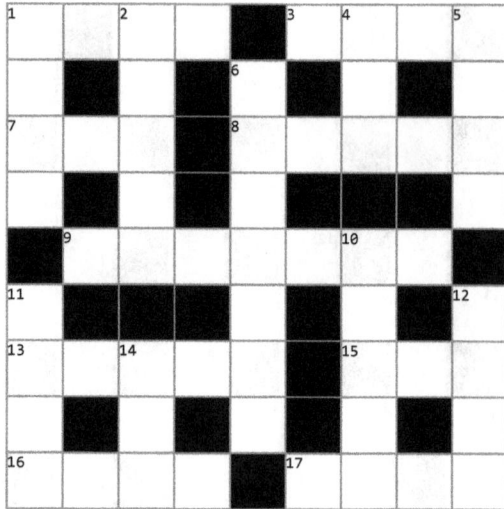

## Horizontal
1. promenade; marcher
3. menton
7. thé
8. lutte; se battre
9. antenne
13. événement
15. maintenant
16. régime
17. ils

## Vertical
1. avec
2. apprendre
4. étreinte
5. filets
6. effets
10. neuvième
11. lire
12. loin
14. vigile

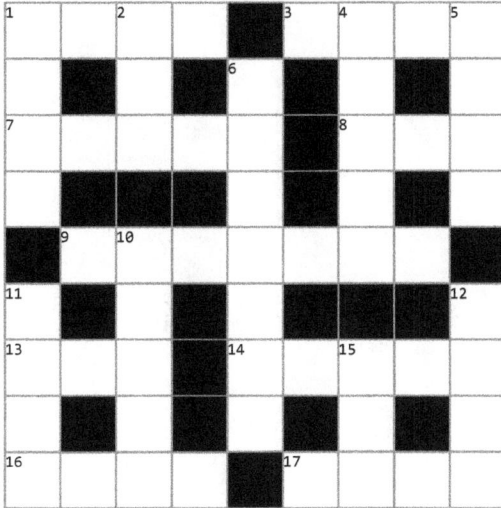

## Horizontal

1. cadran
3. genou
7. ennemi
8. boue
9. dentiste
13. jambe
14. espaces
16. devoir
17. nourrir

## Vertical

1. profond
2. hache
4. noms
5. fines
6. huîtres
10. huit
11. content
12. seconde main
15. un

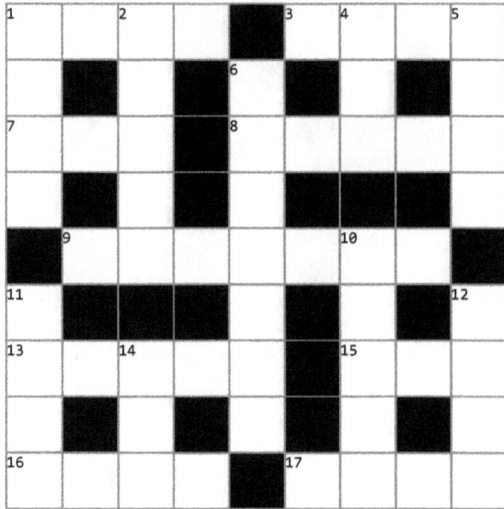

## Horizontal

1. lac
3. appeler; appel
7. posséder; propre
8. manger (2,3)
9. inutilisable
13. habitude
15. abeille
16. bord
17. tambour

## Vertical

1. lion
2. genres
4. âge
5. tard
6. athlète
10. sobre
11. chaussure
12. sembler
14. grand

No. 113

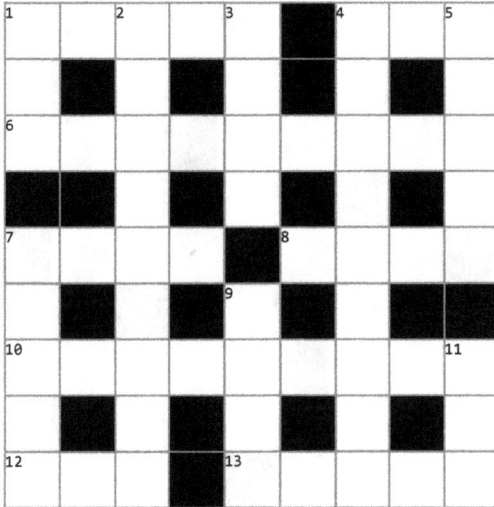

## Horizontal
1. deviner
4. mouiller
6. s'étirer (2,7)
7. aube
8. palpé
10. exercices
12. elle
13. risqué

## Vertical
1. obtenir
2. ailleurs
3. sûr
4. témoignages
5. frapper (2,3)
7. robe
9. cicatrice
11. apeuré

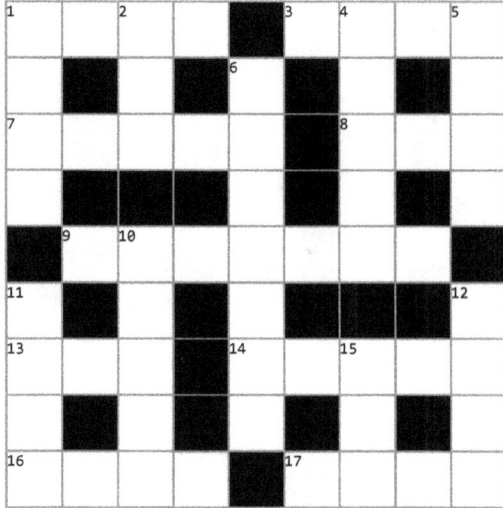

## Horizontal

1. écume
3. mensonges
7. clair
8. et
9. désirs
13. devoir
14. de bonne heure
16. destin
17. capable

## Vertical

1. visage; faire face à
2. as
4. image
5. côté
6. louanges
10. choisir
11. loup
12. taper à la machine
15. voler

No. 115

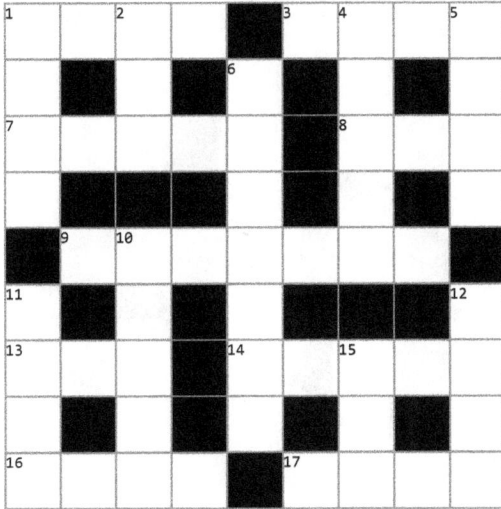

## Horizontal

1. rouiller; rouille
3. corde
7. honte
8. fourrure
9. enquête
13. voiture
14. sourire
16. mijoter
17. nœud; nouer

## Vertical

1. risque
2. mer
4. offrir; offre
5. oreilles
6. requête
10. nerf
11. actes
12. cabosser
15. auberge

No. 116

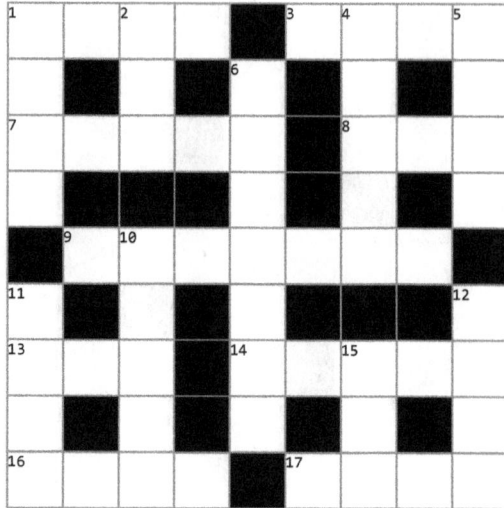

### Horizontal

1. plateau
3. bol
7. gaspillage
8. salle de gymnastique
9. patient
13. usage
14. danse
16. aides
17. faire un pas

### Vertical

1. ville
2. âne
4. organe
5. masse
6. périodes
10. devant
11. thon
12. aide; aider
15. noix

## No. 117

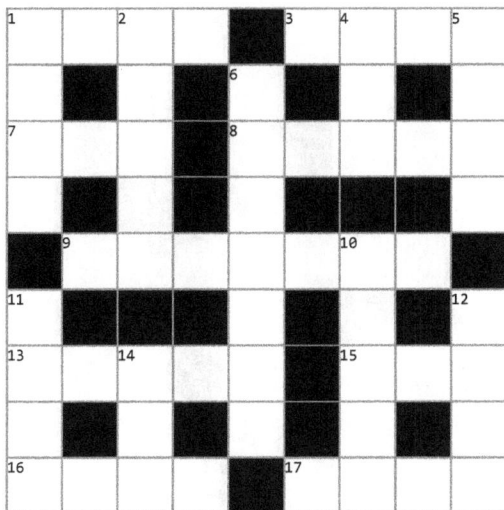

### Horizontal
1. chiens
3. poussette
7. monsieur
8. canoë
9. généralement
13. grenier
15. vous
16. plumes
17. glisser

### Vertical
1. poussière
2. filles
4. courir
5. rencontrer
6. égratignure; gratter
10. loyal
11. lampe
12. décharge
14. dix

No. 118

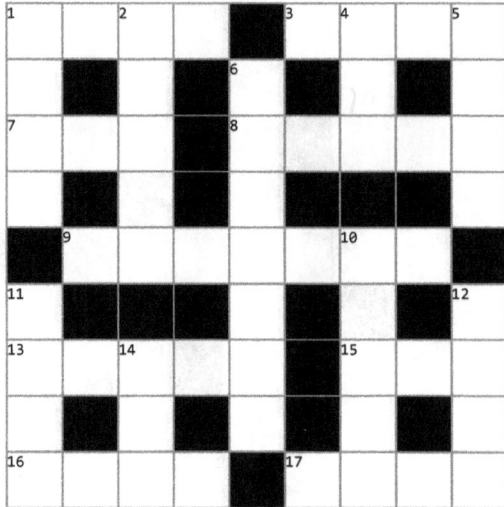

### Horizontal

1. pattes
3. fines
7. additionner; somme
8. porter
9. anxiété
13. entacher; tache
15. coudre
16. dôme
17. très

### Vertical

1. passer; passe
2. femme
4. ni
5. *(il)* dit
6. actions
10. goût
11. seconde main
12. loin
14. bras

## No. 119

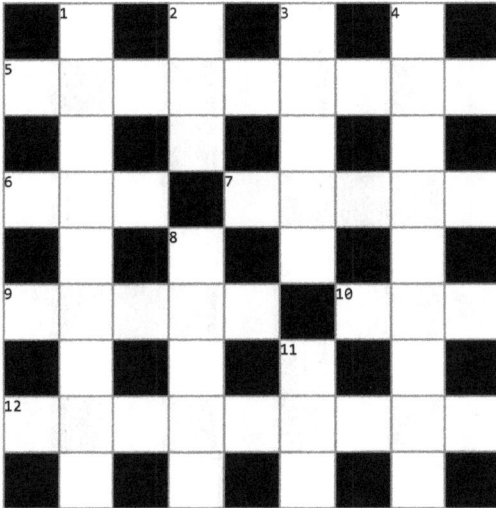

### Horizontal
5. donc
6. nonne
7. commencer
9. balles
10. œuf
12. identique

### Vertical
1. milles
2. sécher; sec
3. après
4. poêle (6,3)
8. seul
11. grand

No. 120

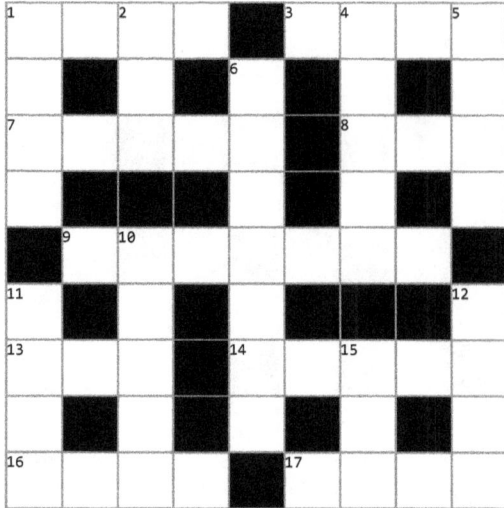

## Horizontal

1. mâle
3. repas
7. appliquer
8. encre
9. athlète
13. huile
14. noms
16. aussi
17. axe

## Vertical

1. gémir
2. lèvre
4. exister
5. lac
6. cyclone
10. discussions
11. canapé
12. *(il)* demande
15. mélanger

## No. 121

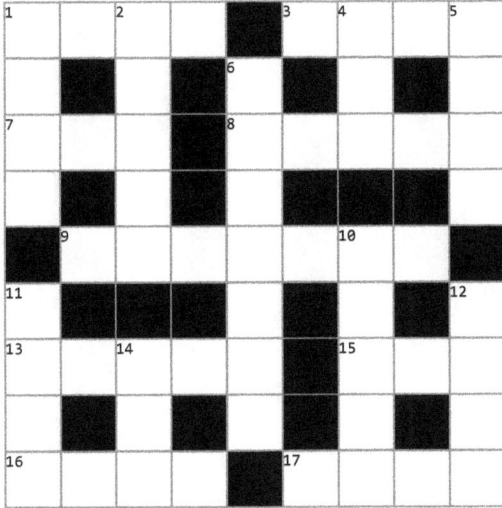

### Horizontal

1. grotte; caverne
3. les
7. glace
8. souvent
9. inutilisable
13. (je) ai écrit
15. lit
16. nu
17. vrai

### Vertical

1. menton
2. vues
4. chapeau
5. beaucoup de
6. rocher
10. sobre
11. cygne
12. oisif
14. bizarre

No. 122

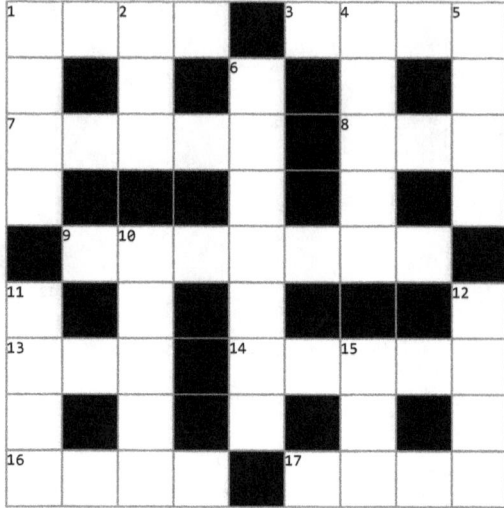

**Horizontal**

1. nœud; nouer
3. paris
7. vis
8. brèche
9. chuchotement
13. tout
14. tout
16. poisson; pêcher
17. mort

**Vertical**

1. embrasser; baiser
2. notre
4. aigle
5. gorgées
6. tordu
10. couloirs
11. moitié
12. teint
15. vigile

No. 123

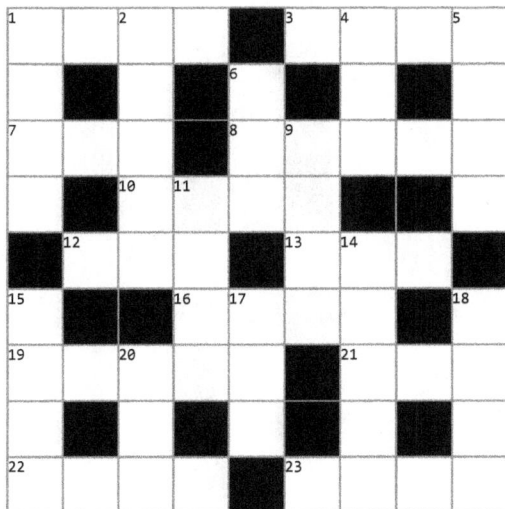

## Horizontal

1. coups
3. sauvage
7. deux
8. soupçons
10. vu
12. mer
13. dessus
16. émeute
19. fantôme
21. *(il)* ait
22. chercher
23. arts

## Vertical

1. haïr
2. ces
4. auberge
5. bureau
6. le
9. dans
11. oreilles
14. autre
15. âges
17. son
18. usages
20. un

No. 124

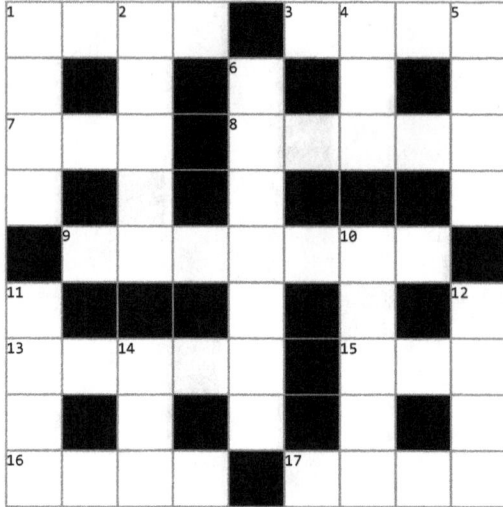

### Horizontal

1. regarder; air
3. marée
7. ajouter
8. chutes
9. congélateur
13. huit
15. aussi
16. défaite
17. larve

### Vertical

1. guider; pl
2. ordre; ranger
4. malade
5. facile
6. effets
10. entrer
11. guérir
12. tombe
14. gaz

No. 125

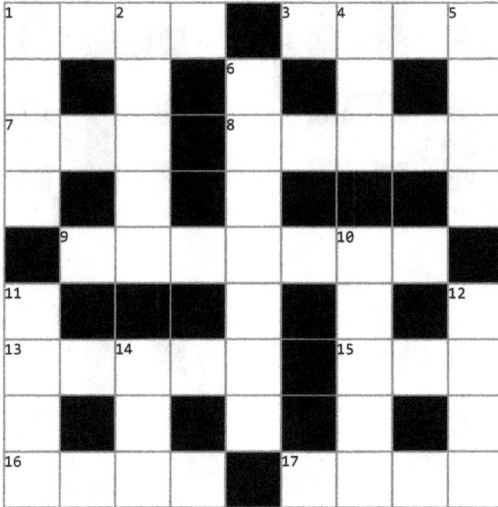

## Horizontal

1. loup
3. aigre
7. ciel
8. médaille
9. manches
13. maisons
15. obtenir
16. fines
17. tomber; goutte

## Vertical

1. ouest
2. loyal
4. vieux
5. gouverner
6. immense
10. désireux
11. chaussure
12. faire un pas
14. fou

# Solutions

## No. 1

| a | u | n | t | █ | l | a | t | e |
|---|---|---|---|---|---|---|---|---|
| w | █ | o | █ | p | █ | g | █ | n |
| a | p | r | i | l | █ | a | i | d |
| y | █ | █ | █ | a | █ | i | █ | s |
| █ | o | p | e | n | i | n | g | █ |
| s | █ | r | █ | e | █ | █ | █ | u |
| t | o | o | █ | t | o | o | l | s |
| e | █ | u | █ | s | █ | w | █ | e |
| w | i | d | e | █ | s | e | e | d |

## No. 2

| m | o | r | e | █ | j | u | n | e |
|---|---|---|---|---|---|---|---|---|
| a | █ | u | █ | u | █ | p | █ | c |
| k | i | n | g | s | █ | s | h | h |
| e | █ | █ | █ | e | █ | e | █ | o |
| █ | a | t | h | l | e | t | e | █ |
| i | █ | i | █ | e | █ | █ | █ | k |
| d | o | g | █ | s | p | o | o | n |
| l | █ | e | █ | s | █ | w | █ | o |
| e | a | r | s | █ | s | n | o | w |

## No. 3

| c | h | e | e | k | █ | c | u | t |
|---|---|---|---|---|---|---|---|---|
| u | █ | l | █ | i | █ | u | █ | a |
| p | l | e | a | s | u | r | e | s |
| █ | █ | c | █ | s | █ | i | █ | t |
| p | i | t | y | █ | d | o | v | e |
| e | █ | i | █ | f | █ | s | █ | █ |
| a | p | o | l | o | g | i | e | s |
| c | █ | n | █ | r | █ | t | █ | i |
| h | a | s | █ | m | a | y | o | r |

## No. 4

| s | u | m | s | █ | e | v | i | l |
|---|---|---|---|---|---|---|---|---|
| o | █ | u | █ | t | █ | a | █ | o |
| a | s | s | █ | h | o | n | o | r |
| p | █ | i | █ | r | █ | █ | █ | d |
| █ | s | c | h | o | o | l | s | █ |
| a | █ | █ | █ | u | █ | a | █ | s |
| b | e | i | n | g | █ | r | o | w |
| l | █ | c | █ | h | █ | g | █ | a |
| e | v | e | r | █ | f | e | r | n |

## No. 5

| w | e | e | k | █ | r | o | a | d |
|---|---|---|---|---|---|---|---|---|
| i | █ | n | █ | p | █ | w | █ | a |
| f | a | t | █ | a | l | l | e | y |
| e | █ | e | █ | r | █ | █ | █ | s |
| █ | f | r | i | e | n | d | s | █ |
| d | █ | █ | █ | n | █ | r | █ | k |
| e | l | e | c | t | █ | i | n | n |
| e | █ | v | █ | s | █ | l | █ | e |
| p | e | e | l | █ | c | l | u | e |

## No. 6

| r | o | d | █ | b | r | o | o | m |
|---|---|---|---|---|---|---|---|---|
| o | █ | e | █ | e | █ | f | █ | a |
| b | u | t | t | e | r | f | l | y |
| e | █ | e | █ | r | █ | i | █ | █ |
| s | u | c | k | █ | a | c | i | d |
| █ | █ | t | █ | h | █ | i | █ | u |
| c | r | i | m | i | n | a | l | s |
| a | █ | v | █ | t | █ | l | █ | t |
| n | e | e | d | s | █ | s | a | y |

# Solutions

## No. 7

| t | o | u | r | ■ | d | o | t | s |
|---|---|---|---|---|---|---|---|---|
| h | ■ | s | ■ | f | ■ | f | ■ | i |
| i | d | e | a | l | ■ | t | o | p |
| s | ■ | ■ | ■ | o | ■ | e | ■ | s |
| ■ | t | o | d | r | i | n | k | ■ |
| p | ■ | c | ■ | i | ■ | ■ | ■ | i |
| a | x | e | ■ | s | e | w | e | r |
| s | ■ | a | ■ | t | ■ | h | ■ | o |
| s | a | n | d | ■ | h | o | r | n |

## No. 8

| n | o | s | e | ■ | l | e | s | s |
|---|---|---|---|---|---|---|---|---|
| e | ■ | e | ■ | u | ■ | x | ■ | a |
| c | l | a | w | s | ■ | a | n | y |
| k | ■ | ■ | ■ | u | ■ | c | ■ | s |
| ■ | b | r | e | a | s | t | s | ■ |
| c | ■ | i | ■ | l | ■ | ■ | ■ | o |
| a | n | d | ■ | l | e | m | o | n |
| l | ■ | e | ■ | y | ■ | a | ■ | t |
| f | i | s | h | ■ | i | n | t | o |

## No. 9

| ■ | a | ■ | s | ■ | a | ■ | s | ■ |
|---|---|---|---|---|---|---|---|---|
| s | t | u | p | i | d | i | t | y |
| ■ | t | ■ | e | ■ | d | ■ | a | ■ |
| d | e | l | a | y | ■ | s | i | t |
| ■ | n | ■ | k | ■ | e | ■ | r | ■ |
| i | t | s | ■ | m | a | r | c | h |
| ■ | i | ■ | s | ■ | g | ■ | a | ■ |
| p | o | w | e | r | l | e | s | s |
| ■ | n | ■ | w | ■ | e | ■ | e | ■ |

## No. 10

| c | u | p | s | ■ | j | a | i | l |
|---|---|---|---|---|---|---|---|---|
| o | ■ | e | ■ | p | ■ | n | ■ | a |
| s | u | r | p | r | i | s | e | d |
| t | ■ | f | ■ | o | ■ | w | ■ | y |
| ■ | w | e | a | t | h | e | r | ■ |
| d | ■ | c | ■ | e | ■ | r | ■ | l |
| i | n | t | e | s | t | i | n | e |
| s | ■ | l | ■ | t | ■ | n | ■ | n |
| k | e | y | s | ■ | a | g | e | s |

## No. 11

| m | a | s | k | ■ | b | u | s | h |
|---|---|---|---|---|---|---|---|---|
| o | ■ | i | ■ | o | ■ | n | ■ | a |
| s | c | r | u | b | ■ | t | e | n |
| t | ■ | ■ | ■ | s | ■ | i | ■ | d |
| ■ | h | o | w | e | v | e | r | ■ |
| o | ■ | r | ■ | r | ■ | ■ | ■ | u |
| p | i | g | ■ | v | a | s | e | s |
| e | ■ | a | ■ | e | ■ | h | ■ | e |
| n | i | n | e | ■ | s | e | e | d |

## No. 12

| l | a | k | e | ■ | s | k | i | n |
|---|---|---|---|---|---|---|---|---|
| o | ■ | i | ■ | d | ■ | i | ■ | e |
| r | u | n | ■ | i | n | d | e | x |
| d | ■ | d | ■ | s | ■ | ■ | ■ | t |
| ■ | u | s | e | l | e | s | s | ■ |
| a | ■ | ■ | ■ | i | ■ | n | ■ | g |
| b | l | a | c | k | ■ | a | l | l |
| l | ■ | c | ■ | e | ■ | k | ■ | a |
| e | v | e | r | ■ | s | e | n | d |

# Solutions

## No. 13

| s | i | c | k | ■ | w | e | e | d |
|---|---|---|---|---|---|---|---|---|
| o | ■ | a | ■ | r | ■ | a | ■ | o |
| m | i | n | c | e | ■ | r | a | g |
| e | ■ | ■ | ■ | q | ■ | t | ■ | s |
| ■ | t | h | o | u | g | h | t | ■ |
| b | ■ | e | ■ | e | ■ | ■ | ■ | e |
| o | n | e | ■ | s | w | o | r | d |
| t | ■ | l | ■ | t | ■ | w | ■ | g |
| h | o | s | t | ■ | c | l | u | e |

## No. 14

| p | i | n | k | ■ | w | o | r | d |
|---|---|---|---|---|---|---|---|---|
| o | ■ | o | ■ | f | ■ | n | ■ | y |
| t | o | w | e | l | ■ | i | c | e |
| s | ■ | ■ | n | o | ■ | o | ■ | d |
| ■ | t | o | d | r | i | n | k | ■ |
| s | ■ | c | ■ | i | n | ■ | ■ | f |
| t | i | e | ■ | s | k | u | l | l |
| a | ■ | a | ■ | t | ■ | s | ■ | a |
| b | o | n | e | ■ | f | e | l | t |

## No. 15

| d | r | i | n | k | ■ | p | e | n |
|---|---|---|---|---|---|---|---|---|
| i | ■ | m | ■ | n | ■ | r | ■ | e |
| e | x | p | l | o | s | i | v | e |
| ■ | ■ | o | ■ | t | ■ | s | ■ | d |
| f | o | r | k | ■ | l | o | s | s |
| r | ■ | t | ■ | s | ■ | n | ■ | ■ |
| a | p | a | r | t | m | e | n | t |
| m | ■ | n | ■ | e | ■ | r | ■ | o |
| e | a | t | ■ | w | a | s | t | e |

## No. 16

| a | u | n | t | ■ | s | e | e | n |
|---|---|---|---|---|---|---|---|---|
| r | ■ | o | ■ | c | ■ | l | ■ | e |
| e | a | r | l | y | ■ | b | u | s |
| a | ■ | ■ | ■ | c | ■ | o | ■ | t |
| ■ | f | e | l | l | o | w | s | ■ |
| b | ■ | i | ■ | o | ■ | ■ | ■ | a |
| e | g | g | ■ | n | a | v | e | l |
| e | ■ | h | ■ | e | ■ | a | ■ | s |
| f | a | t | e | ■ | o | n | t | o |

## No. 17

| d | a | t | e | ■ | l | i | e | s |
|---|---|---|---|---|---|---|---|---|
| o | ■ | w | ■ | i | ■ | m | ■ | u |
| t | h | o | r | n | ■ | a | r | m |
| s | ■ | ■ | ■ | i | ■ | g | ■ | s |
| ■ | l | e | a | t | h | e | r | ■ |
| d | ■ | n | ■ | i | ■ | ■ | ■ | i |
| a | n | t | ■ | a | n | g | e | r |
| m | ■ | e | ■ | l | ■ | y | ■ | o |
| p | a | r | t | ■ | o | m | e | n |

## No. 18

| s | o | u | n | d | ■ | e | a | r |
|---|---|---|---|---|---|---|---|---|
| e | ■ | n | ■ | i | ■ | l | ■ | i |
| a | d | d | r | e | s | s | e | s |
| ■ | ■ | e | ■ | t | ■ | e | ■ | k |
| w | a | r | s | ■ | a | w | a | y |
| i | ■ | w | ■ | s | ■ | h | ■ | ■ |
| t | w | e | n | t | i | e | t | h |
| c | ■ | a | ■ | e | ■ | r | ■ | a |
| h | e | r | ■ | p | o | e | m | s |

# Solutions

## No. 19

| | | | | | | | | |
|---|---|---|---|---|---|---|---|---|
| █ | m | █ | s | █ | f | █ | i | █ |
| s | u | b | m | a | r | i | n | e |
| █ | s | █ | a | █ | y | █ | t | █ |
| w | h | o | l | e | █ | t | e | n |
| █ | r | █ | l | █ | t | █ | r | █ |
| j | o | b | █ | w | h | e | e | l |
| █ | o | █ | l | █ | e | █ | s | █ |
| i | m | m | e | d | i | a | t | e |
| █ | s | █ | t | █ | r | █ | s | █ |

## No. 20

| | | | | | | | | |
|---|---|---|---|---|---|---|---|---|
| a | c | t | s | █ | m | e | e | t |
| r | █ | o | █ | u | █ | x | █ | i |
| t | o | o | l | s | █ | i | n | n |
| s | █ | █ | █ | u | █ | t | █ | y |
| █ | b | e | c | a | u | s | e | █ |
| u | █ | m | █ | l | █ | █ | █ | k |
| s | a | p | █ | l | e | m | o | n |
| e | █ | t | █ | y | █ | a | █ | e |
| d | a | y | s | █ | e | d | g | e |

## No. 21

| | | | | | | | | |
|---|---|---|---|---|---|---|---|---|
| s | i | d | e | █ | p | o | e | t |
| i | █ | o | █ | u | █ | r | █ | y |
| p | a | g | e | s | █ | g | a | p |
| s | █ | █ | █ | e | █ | a | █ | e |
| █ | a | i | r | l | i | n | e | █ |
| i | █ | d | █ | e | █ | █ | █ | d |
| d | u | e | █ | s | w | e | a | r |
| e | █ | a | █ | s | █ | v | █ | o |
| a | b | l | e | █ | d | e | e | p |

## No. 22

| | | | | | | | | |
|---|---|---|---|---|---|---|---|---|
| g | l | u | e | █ | g | r | o | w |
| a | █ | s | █ | s | █ | o | █ | i |
| s | t | e | e | p | █ | a | d | d |
| p | █ | █ | █ | i | █ | d | █ | e |
| █ | m | a | d | n | e | s | s | █ |
| l | █ | h | █ | a | █ | █ | █ | s |
| a | c | e | █ | c | l | i | c | k |
| m | █ | a | █ | h | █ | l | █ | i |
| b | o | d | y | █ | p | l | a | n |

## No. 23

| | | | | | | | | |
|---|---|---|---|---|---|---|---|---|
| c | u | p | s | █ | w | o | o | d |
| a | █ | i | █ | s | w | █ | █ | y |
| m | a | n | █ | q | u | e | u | e |
| e | █ | c | █ | u | █ | █ | █ | d |
| █ | t | h | e | a | t | e | r | █ |
| s | █ | █ | █ | r | █ | a | █ | s |
| p | r | i | c | e | █ | r | o | w |
| i | █ | c | █ | s | █ | t | █ | a |
| t | h | e | y | █ | c | h | i | n |

## No. 24

| | | | | | | | | |
|---|---|---|---|---|---|---|---|---|
| k | n | o | t | █ | s | e | e | k |
| i | █ | u | █ | r | █ | l | █ | i |
| s | e | r | v | e | █ | b | u | n |
| s | █ | █ | █ | a | █ | o | █ | d |
| █ | f | e | l | l | o | w | s | █ |
| t | █ | v | █ | i | █ | █ | █ | v |
| a | g | e | █ | t | h | r | e | e |
| x | █ | n | █ | y | █ | u | █ | r |
| i | n | t | o | █ | e | n | v | y |

# Solutions

## No. 25

| s | i | g | h | ■ | b | a | t | h |
|---|---|---|---|---|---|---|---|---|
| e | ■ | e | ■ | c | ■ | p | ■ | a |
| e | n | t | e | r | ■ | p | u | t |
| d | ■ | ■ | y | ■ | l | ■ | ■ | e |
| ■ | m | o | n | s | t | e | r | ■ |
| p | ■ | c | ■ | t | ■ | ■ | ■ | i |
| a | x | e | ■ | a | n | g | e | r |
| l | ■ | a | ■ | l | ■ | y | ■ | o |
| m | i | n | d | ■ | o | m | e | n |

## No. 26

| l | a | d | y | ■ | h | u | r | t |
|---|---|---|---|---|---|---|---|---|
| a | ■ | i | ■ | f | ■ | p | ■ | o |
| s | t | e | a | l | ■ | s | a | w |
| t | ■ | ■ | ■ | o | ■ | e | ■ | n |
| ■ | o | p | e | r | a | t | e | ■ |
| d | ■ | e | ■ | i | ■ | ■ | ■ | b |
| r | o | d | ■ | s | t | o | o | l |
| a | ■ | a | ■ | t | ■ | l | ■ | u |
| w | a | l | k | ■ | i | d | l | e |

## No. 27

| e | a | s | y | ■ | t | i | d | e |
|---|---|---|---|---|---|---|---|---|
| a | ■ | i | ■ | s | ■ | n | ■ | c |
| s | u | n | ■ | t | e | n | t | h |
| t | ■ | c | ■ | r | ■ | ■ | ■ | o |
| ■ | d | e | f | e | a | t | s | ■ |
| h | ■ | ■ | ■ | e | ■ | h | ■ | f |
| e | l | e | c | t | ■ | o | w | l |
| r | ■ | y | ■ | s | ■ | s | ■ | a |
| b | e | e | f | ■ | w | e | s | t |

## No. 28

| o | p | e | n | ■ | w | h | e | n |
|---|---|---|---|---|---|---|---|---|
| b | ■ | v | ■ | s | ■ | o | ■ | e |
| e | n | e | m | y | ■ | t | a | x |
| y | ■ | ■ | ■ | r | ■ | e | ■ | t |
| ■ | v | i | s | i | b | l | e | ■ |
| s | ■ | d | ■ | n | ■ | ■ | ■ | e |
| t | o | e | ■ | g | u | a | r | d |
| e | ■ | a | ■ | e | ■ | i | ■ | g |
| p | a | s | s | ■ | t | r | e | e |

## No. 29

| ■ | s | ■ | s | ■ | g | ■ | s | ■ |
|---|---|---|---|---|---|---|---|---|
| c | o | o | p | e | r | a | t | e |
| ■ | m | ■ | y | ■ | o | ■ | r | ■ |
| s | e | w | ■ | h | u | m | a | n |
| ■ | t | ■ | s | ■ | p | ■ | n | ■ |
| p | i | e | c | e | ■ | e | g | g |
| ■ | m | ■ | a | ■ | i | ■ | e | ■ |
| s | e | c | r | e | t | a | r | y |
| ■ | s | ■ | f | ■ | s | ■ | s | ■ |

## No. 30

| p | a | s | t | ■ | r | o | o | f |
|---|---|---|---|---|---|---|---|---|
| u | ■ | i | ■ | t | ■ | w | ■ | o |
| m | i | x | ■ | h | o | n | o | r |
| p | ■ | t | h | e | n | ■ | ■ | k |
| ■ | b | y | e | ■ | t | e | n | ■ |
| p | ■ | ■ | r | o | o | m | ■ | k |
| a | s | k | e | d | ■ | p | i | n |
| t | ■ | i | ■ | d | ■ | t | ■ | e |
| h | i | d | e | ■ | t | y | p | e |

# Solutions

## No. 31

| c | o | a | l | ■ | a | r | e | a |
|---|---|---|---|---|---|---|---|---|
| i | ■ | s | ■ | u | ■ | o | ■ | u |
| t | a | k | e | s | ■ | b | a | n |
| y | ■ | ■ | ■ | u | ■ | e | ■ | t |
| ■ | b | e | c | a | u | s | e | ■ |
| f | ■ | a | ■ | l | ■ | ■ | ■ | a |
| l | e | g | ■ | l | e | v | e | r |
| e | ■ | l | ■ | y | ■ | a | ■ | t |
| a | g | e | s | ■ | e | n | d | s |

## No. 32

| f | a | r | m | ■ | s | o | n | g |
|---|---|---|---|---|---|---|---|---|
| a | ■ | a | ■ | u | ■ | f | ■ | r |
| c | a | m | p | s | ■ | t | o | o |
| t | ■ | ■ | ■ | e | ■ | e | ■ | w |
| ■ | f | e | e | l | i | n | g | ■ |
| l | ■ | v | ■ | e | ■ | ■ | ■ | d |
| a | c | e | ■ | s | p | e | a | r |
| m | ■ | n | ■ | s | ■ | a | ■ | u |
| p | i | t | y | ■ | p | r | a | m |

## No. 33

| l | o | s | e | ■ | b | a | b | y |
|---|---|---|---|---|---|---|---|---|
| u | ■ | i | ■ | s | ■ | p | ■ | e |
| m | o | n | t | h | ■ | p | e | a |
| p | ■ | ■ | ■ | o | ■ | l | ■ | r |
| ■ | p | r | o | c | e | e | d | ■ |
| t | ■ | o | ■ | k | ■ | ■ | ■ | u |
| h | a | s | ■ | e | x | i | t | s |
| e | ■ | e | ■ | d | ■ | c | ■ | e |
| m | i | s | s | ■ | b | e | d | s |

## No. 34

| c | l | a | w | ■ | c | o | o | l |
|---|---|---|---|---|---|---|---|---|
| o | ■ | l | ■ | a | ■ | u | ■ | i |
| o | w | l | ■ | n | e | r | v | e |
| k | ■ | e | ■ | o | ■ | ■ | ■ | s |
| ■ | o | y | s | t | e | r | s | ■ |
| s | ■ | ■ | ■ | h | ■ | u | ■ | a |
| w | r | o | t | e | ■ | l | o | w |
| a | ■ | l | ■ | r | ■ | e | ■ | a |
| n | u | d | e | ■ | g | r | a | y |

## No. 35

| w | h | o | m | ■ | g | l | a | d |
|---|---|---|---|---|---|---|---|---|
| h | ■ | n | ■ | t | ■ | a | ■ | o |
| e | v | e | r | y | ■ | b | e | g |
| n | ■ | ■ | ■ | p | ■ | e | ■ | s |
| ■ | v | i | s | i | b | l | e | ■ |
| d | ■ | n | ■ | c | ■ | ■ | ■ | g |
| a | n | d | ■ | a | f | t | e | r |
| w | ■ | e | ■ | l | ■ | w | ■ | u |
| n | e | x | t | ■ | t | o | m | b |

## No. 36

| s | e | a | s | ■ | i | n | t | o |
|---|---|---|---|---|---|---|---|---|
| a | ■ | m | ■ | a | ■ | u | ■ | b |
| y | o | u | ■ | d | a | n | c | e |
| s | ■ | s | ■ | d | ■ | ■ | ■ | y |
| ■ | b | e | a | r | d | e | d | ■ |
| f | ■ | ■ | ■ | e | ■ | a | ■ | s |
| o | a | s | i | s | ■ | g | e | t |
| o | ■ | o | ■ | s | ■ | e | ■ | a |
| t | o | n | e | ■ | c | r | a | b |

# Solutions

## No. 37

| s | u | r | e | ■ | f | i | r | e |
|---|---|---|---|---|---|---|---|---|
| i | ■ | o | ■ | p | ■ | d | ■ | d |
| p | o | w | e | r | ■ | e | g | g |
| s | ■ | ■ | ■ | o | ■ | a | ■ | e |
| ■ | t | o | s | m | e | l | l | ■ |
| u | ■ | t | ■ | i | ■ | ■ | ■ | k |
| s | h | h | ■ | s | t | a | i | n |
| e | ■ | e | ■ | e | ■ | s | ■ | o |
| d | i | r | t | ■ | t | h | a | t |

## No. 38

| h | o | l | e | ■ | b | l | u | e |
|---|---|---|---|---|---|---|---|---|
| a | ■ | e | ■ | w | ■ | e | ■ | v |
| t | e | a | ■ | e | a | g | l | e |
| s | ■ | s | ■ | a | ■ | ■ | ■ | r |
| ■ | s | t | a | t | u | e | s | ■ |
| a | ■ | ■ | ■ | h | ■ | n | ■ | g |
| s | t | a | r | e | ■ | t | h | e |
| k | ■ | l | ■ | r | ■ | e | ■ | r |
| s | a | l | e | ■ | t | r | a | m |

## No. 39

| ■ | s | ■ | s | ■ | c | ■ | s | ■ |
|---|---|---|---|---|---|---|---|---|
| c | o | o | p | e | r | a | t | e |
| ■ | m | ■ | y | ■ | o | ■ | r | ■ |
| p | e | n | ■ | h | o | t | e | l |
| ■ | t | ■ | g | ■ | k | ■ | t | ■ |
| t | h | i | r | d | ■ | a | c | e |
| ■ | i | ■ | o | ■ | f | ■ | h | ■ |
| i | n | q | u | i | r | i | e | s |
| ■ | g | ■ | p | ■ | y | ■ | r | ■ |

## No. 40

| d | r | a | w | ■ | e | a | s | t |
|---|---|---|---|---|---|---|---|---|
| e | ■ | c | ■ | a | ■ | c | ■ | u |
| n | u | t | ■ | w | a | t | e | r |
| t | ■ | o | ■ | k | ■ | ■ | ■ | n |
| ■ | d | r | a | w | e | r | s | ■ |
| a | ■ | ■ | ■ | a | ■ | o | ■ | e |
| c | l | e | a | r | ■ | b | u | n |
| i | ■ | v | ■ | d | ■ | e | ■ | d |
| d | i | e | t | ■ | u | s | e | s |

## No. 41

| r | a | r | e | ■ | d | e | e | p |
|---|---|---|---|---|---|---|---|---|
| a | ■ | a | ■ | u | ■ | x | ■ | a |
| g | a | m | e | s | ■ | a | s | s |
| s | ■ | ■ | ■ | u | ■ | c | ■ | t |
| ■ | b | r | e | a | s | t | s | ■ |
| s | ■ | o | ■ | l | ■ | ■ | ■ | g |
| w | h | o | ■ | l | e | v | e | r |
| a | ■ | t | ■ | y | ■ | a | ■ | o |
| n | o | s | e | ■ | s | n | o | w |

## No. 42

| k | i | l | l | ■ | b | e | a | r |
|---|---|---|---|---|---|---|---|---|
| n | ■ | i | ■ | p | ■ | m | ■ | e |
| o | r | d | e | r | ■ | p | i | n |
| w | ■ | ■ | ■ | i | ■ | t | ■ | t |
| ■ | k | i | d | n | e | y | s | ■ |
| i | ■ | n | ■ | c | ■ | ■ | ■ | s |
| r | o | d | ■ | e | l | e | c | t |
| o | ■ | e | ■ | s | ■ | y | ■ | a |
| n | e | x | t | ■ | v | e | r | y |

# Solutions

## No. 43

| b | a | c | k | ■ | f | a | s | t |
|---|---|---|---|---|---|---|---|---|
| o | ■ | a | ■ | u | ■ | g | ■ | i |
| t | o | n | e | s | ■ | a | d | d |
| h | ■ | ■ | ■ | e | ■ | i | ■ | e |
| ■ | f | e | e | l | i | n | g | ■ |
| a | ■ | a | ■ | e | ■ | ■ | ■ | s |
| b | i | g | ■ | s | h | o | c | k |
| l | ■ | e | ■ | s | ■ | w | ■ | i |
| e | a | r | s | ■ | v | e | i | n |

## No. 44

| b | i | t | e | ■ | l | a | w | s |
|---|---|---|---|---|---|---|---|---|
| a | ■ | o | ■ | s | ■ | b | ■ | i |
| g | r | e | a | t | ■ | b | e | g |
| s | ■ | ■ | ■ | u | ■ | e | ■ | n |
| ■ | g | o | o | d | b | y | e | ■ |
| o | ■ | r | ■ | e | ■ | ■ | ■ | t |
| m | u | g | ■ | n | a | p | p | y |
| e | ■ | a | ■ | t | ■ | e | ■ | p |
| n | i | n | e | ■ | f | a | c | e |

## No. 45

| n | e | c | k | ■ | o | p | e | n |
|---|---|---|---|---|---|---|---|---|
| e | ■ | r | ■ | g | ■ | r | ■ | e |
| t | h | e | r | e | f | o | r | e |
| s | ■ | a | ■ | s | ■ | f | ■ | d |
| ■ | s | t | a | t | u | e | s | ■ |
| u | ■ | u | ■ | u | ■ | s | ■ | i |
| s | u | r | p | r | i | s | e | d |
| e | ■ | e | ■ | e | ■ | o | ■ | l |
| d | e | s | k | ■ | t | r | u | e |

## No. 46

| ■ | a | n | ■ | u | p | ■ | a | ■ |
|---|---|---|---|---|---|---|---|---|
| o | r | ■ | b | ■ | u | r | g | e |
| ■ | t | o | e | a | t | ■ | e | ■ |
| a | ■ | n | ■ | t | ■ | h | ■ | c |
| s | i | l | k | ■ | d | e | a | r |
| k | ■ | y | ■ | h | ■ | r | ■ | y |
| ■ | o | ■ | m | i | n | e | s | ■ |
| f | l | e | a | ■ | o | ■ | u | s |
| ■ | d | ■ | d | o | ■ | i | n | ■ |

## No. 47

| b | e | a | n | ■ | f | o | o | l |
|---|---|---|---|---|---|---|---|---|
| a | ■ | r | ■ | u | ■ | f | ■ | o |
| l | e | m | o | n | ■ | t | o | o |
| l | ■ | ■ | ■ | k | ■ | e | ■ | k |
| ■ | o | p | e | n | i | n | g | ■ |
| w | ■ | e | ■ | o | ■ | ■ | ■ | h |
| o | d | d | ■ | w | r | i | t | e |
| l | ■ | a | ■ | n | ■ | c | ■ | l |
| f | e | l | t | ■ | k | e | e | p |

## No. 48

| e | a | c | h | ■ | a | u | n | t |
|---|---|---|---|---|---|---|---|---|
| a | ■ | o | ■ | f | ■ | p | ■ | i |
| s | e | w | e | r | ■ | s | i | r |
| y | ■ | ■ | ■ | e | ■ | e | ■ | e |
| ■ | c | r | u | e | l | t | y | ■ |
| f | ■ | u | ■ | d | ■ | ■ | ■ | o |
| o | w | l | ■ | o | n | i | o | n |
| u | ■ | e | ■ | m | ■ | n | ■ | t |
| r | u | s | t | ■ | i | n | t | o |

## Solutions

### No. 49

| c | o | p | y | ■ | h | i | g | h |
|---|---|---|---|---|---|---|---|---|
| o | ■ | e | ■ | u | ■ | d | ■ | e |
| m | i | n | d | s | ■ | e | v | e |
| e | ■ | ■ | ■ | u | ■ | a | ■ | l |
| ■ | b | e | c | a | u | s | e | ■ |
| p | ■ | n | ■ | l | ■ | ■ | ■ | u |
| a | n | t | ■ | l | i | n | e | s |
| s | ■ | e | ■ | y | ■ | u | ■ | e |
| s | u | r | e | ■ | e | n | d | s |

### No. 50

| d | y | e | d | ■ | t | a | i | l |
|---|---|---|---|---|---|---|---|---|
| o | ■ | a | ■ | t | ■ | l | ■ | i |
| w | i | t | c | h | ■ | o | n | e |
| n | ■ | ■ | ■ | r | ■ | n | ■ | s |
| ■ | r | e | c | o | v | e | r | ■ |
| a | ■ | m | ■ | u | ■ | ■ | ■ | l |
| c | u | p | ■ | g | r | a | v | e |
| i | ■ | t | ■ | h | ■ | x | ■ | s |
| d | a | y | s | ■ | k | e | y | s |

### No. 51

| s | k | i | n | ■ | n | i | n | e |
|---|---|---|---|---|---|---|---|---|
| a | ■ | t | ■ | a | ■ | m | ■ | c |
| v | i | s | i | t | ■ | a | s | h |
| e | ■ | ■ | ■ | t | ■ | g | ■ | o |
| ■ | s | l | e | e | v | e | s | ■ |
| e | ■ | a | ■ | m | ■ | ■ | ■ | c |
| d | o | t | ■ | p | u | p | i | l |
| g | ■ | e | ■ | t | ■ | e | ■ | u |
| e | a | r | s | ■ | c | a | m | e |

### No. 52

| l | a | w | s | ■ | m | e | a | t |
|---|---|---|---|---|---|---|---|---|
| o | ■ | h | ■ | a | ■ | l | ■ | i |
| s | p | o | r | t | ■ | b | a | d |
| t | ■ | ■ | ■ | h | ■ | o | ■ | e |
| ■ | f | e | l | l | o | w | s | ■ |
| o | ■ | i | ■ | e | ■ | ■ | ■ | u |
| m | u | g | ■ | t | o | o | l | s |
| e | ■ | h | ■ | e | ■ | w | ■ | e |
| n | e | t | s | ■ | w | e | e | d |

### No. 53

| s | e | w | ■ | s | t | e | a | l |
|---|---|---|---|---|---|---|---|---|
| i | ■ | i | ■ | o | ■ | l | ■ | e |
| d | e | t | e | r | g | e | n | t |
| e | ■ | n | ■ | t | ■ | c | ■ | ■ |
| s | e | e | s | ■ | s | t | e | w |
| ■ | ■ | s | ■ | a | ■ | i | ■ | a |
| m | u | s | h | r | o | o | m | s |
| a | ■ | e | ■ | t | ■ | n | ■ | t |
| d | e | s | k | s | ■ | s | h | e |

### No. 54

| g | l | o | w | ■ | c | h | i | n |
|---|---|---|---|---|---|---|---|---|
| u | ■ | u | ■ | r | ■ | i | ■ | e |
| n | o | r | t | h | ■ | n | o | w |
| s | ■ | ■ | ■ | y | ■ | g | ■ | s |
| ■ | s | t | a | t | u | e | s | ■ |
| u | ■ | o | ■ | h | ■ | ■ | ■ | g |
| p | i | n | ■ | m | e | t | a | l |
| o | ■ | e | ■ | s | ■ | e | ■ | u |
| n | o | s | e | ■ | s | a | l | e |

# Solutions

## No. 55

| u | ■ | a | n | ■ | s | ■ | d | ■ |
|---|---|---|---|---|---|---|---|---|
| p | u | t | ■ | t | i | g | e | r |
| ■ | g | ■ | a | ■ | t | ■ | l | ■ |
| a | l | o | n | g | ■ | l | i | d |
| ■ | i | ■ | d | ■ | n | ■ | v | ■ |
| i | n | k | ■ | l | o | v | e | r |
| ■ | e | ■ | a | ■ | d | ■ | r | ■ |
| a | s | i | d | e | ■ | g | y | m |
| ■ | s | ■ | d | ■ | d | o | ■ | y |

## No. 56

| s | o | c | k | ■ | s | u | c | h |
|---|---|---|---|---|---|---|---|---|
| a | ■ | a | ■ | s | ■ | p | ■ | o |
| f | o | r | t | y | ■ | s | a | w |
| e | ■ | ■ | ■ | r | ■ | e | ■ | l |
| ■ | s | o | c | i | e | t | y | ■ |
| g | ■ | r | ■ | n | ■ | ■ | ■ | u |
| r | o | d | ■ | g | i | f | t | s |
| o | ■ | e | ■ | e | ■ | a | ■ | e |
| w | o | r | m | ■ | e | n | d | s |

## No. 57

| r | o | l | l | ■ | l | e | a | d |
|---|---|---|---|---|---|---|---|---|
| u | ■ | e | ■ | s | ■ | g | ■ | y |
| s | e | a | ■ | e | a | g | l | e |
| t | ■ | v | ■ | v | ■ | ■ | ■ | d |
| ■ | s | e | v | e | n | t | h | ■ |
| s | ■ | ■ | ■ | n | ■ | r | ■ | p |
| t | o | h | i | t | ■ | a | l | l |
| e | ■ | u | ■ | y | ■ | c | ■ | u |
| p | a | g | e | ■ | t | e | a | m |

## No. 58

| l | a | c | k | ■ | p | a | t | h |
|---|---|---|---|---|---|---|---|---|
| a | ■ | a | ■ | u | ■ | i | ■ | e |
| n | u | t | ■ | n | e | r | v | e |
| e | ■ | c | ■ | k | ■ | ■ | ■ | l |
| ■ | t | h | u | n | d | e | r | ■ |
| a | ■ | ■ | ■ | o | ■ | n | ■ | h |
| s | t | r | a | w | ■ | t | h | e |
| k | ■ | a | ■ | n | ■ | e | ■ | r |
| s | o | m | e | ■ | t | r | u | e |

## No. 59

| j | a | i | l | ■ | s | h | i | p |
|---|---|---|---|---|---|---|---|---|
| u | ■ | n | ■ | o | ■ | o | ■ | o |
| m | o | n | e | y | ■ | s | u | n |
| p | ■ | ■ | ■ | s | ■ | t | ■ | d |
| ■ | p | r | o | t | e | s | t | ■ |
| u | ■ | i | ■ | e | ■ | ■ | ■ | g |
| s | i | n | ■ | r | i | v | e | r |
| e | ■ | g | ■ | s | ■ | a | ■ | a |
| d | i | s | k | ■ | e | n | v | y |

## No. 60

| d | u | t | y | ■ | h | a | i | r |
|---|---|---|---|---|---|---|---|---|
| i | ■ | e | ■ | m | ■ | p | ■ | e |
| c | a | n | o | e | ■ | r | u | n |
| e | ■ | ■ | ■ | m | ■ | i | ■ | t |
| ■ | s | y | m | b | o | l | s | ■ |
| o | ■ | e | ■ | e | ■ | ■ | ■ | t |
| p | e | a | ■ | r | o | c | k | y |
| e | ■ | r | ■ | s | ■ | a | ■ | p |
| n | e | s | t | ■ | k | n | e | e |

## Solutions

### No. 61

| r | i | c | h | ■ | f | i | n | e |
|---|---|---|---|---|---|---|---|---|
| u | ■ | l | ■ | i | ■ | c | ■ | v |
| l | i | e | ■ | t | h | e | s | e |
| e | ■ | a | l | s | o | ■ | ■ | r |
| ■ | o | n | e | ■ | l | a | y | ■ |
| s | ■ | ■ | f | e | e | d | ■ | c |
| p | a | r | t | y | ■ | o | i | l |
| i | ■ | e | ■ | e | ■ | p | ■ | a |
| t | i | d | e | ■ | s | t | e | w |

### No. 62

| m | i | n | d | ■ | t | o | o | l |
|---|---|---|---|---|---|---|---|---|
| a | ■ | u | ■ | r | ■ | f | ■ | a |
| l | u | n | c | h | ■ | f | e | w |
| e | ■ | ■ | ■ | y | ■ | e | ■ | n |
| ■ | f | a | c | t | o | r | y | ■ |
| a | ■ | c | ■ | h | ■ | ■ | ■ | t |
| b | e | t | ■ | m | a | t | c | h |
| l | ■ | o | ■ | s | ■ | o | ■ | a |
| e | a | r | s | ■ | s | e | a | t |

### No. 63

| b | o | w | l | ■ | d | r | a | g |
|---|---|---|---|---|---|---|---|---|
| a | ■ | a | ■ | d | ■ | o | ■ | o |
| n | u | r | s | e | ■ | b | e | d |
| d | ■ | ■ | ■ | f | ■ | e | ■ | s |
| ■ | d | i | s | e | a | s | e | ■ |
| c | ■ | n | ■ | a | ■ | ■ | ■ | s |
| a | d | d | ■ | t | h | i | n | k |
| r | ■ | e | ■ | s | ■ | l | ■ | i |
| t | a | x | i | ■ | p | l | a | n |

### No. 64

| f | i | s | h | ■ | t | o | u | r |
|---|---|---|---|---|---|---|---|---|
| a | ■ | i | ■ | t | ■ | c | ■ | a |
| s | c | r | e | w | ■ | e | g | g |
| t | ■ | ■ | ■ | i | ■ | a | ■ | s |
| ■ | p | o | i | s | o | n | s | ■ |
| a | ■ | f | ■ | t | ■ | ■ | ■ | t |
| c | u | t | ■ | e | a | r | t | h |
| t | ■ | e | ■ | d | ■ | o | ■ | e |
| s | a | n | d | ■ | o | b | e | y |

### No. 65

| b | a | i | t | ■ | d | e | a | f |
|---|---|---|---|---|---|---|---|---|
| e | ■ | d | ■ | a | ■ | v | ■ | e |
| s | e | e | ■ | i | d | e | a | l |
| t | ■ | a | ■ | r | ■ | ■ | ■ | t |
| ■ | u | s | e | l | e | s | s | ■ |
| d | ■ | ■ | ■ | i | ■ | m | ■ | e |
| u | n | i | o | n | ■ | e | n | d |
| l | ■ | n | ■ | e | ■ | l | ■ | g |
| l | i | k | e | ■ | b | l | u | e |

### No. 66

| l | o | n | g | ■ | r | e | a | r |
|---|---|---|---|---|---|---|---|---|
| o | ■ | e | ■ | w | ■ | n | ■ | o |
| u | n | t | i | e | ■ | t | w | o |
| d | ■ | ■ | ■ | a | ■ | e | ■ | t |
| ■ | e | a | s | t | e | r | n | ■ |
| o | ■ | p | ■ | h | ■ | ■ | ■ | i |
| m | a | p | ■ | e | a | g | e | r |
| e | ■ | l | ■ | r | ■ | a | ■ | o |
| n | e | e | d | ■ | u | p | o | n |

# Solutions

## No. 67

| p | r | a | y | ■ | h | o | o | k |
|---|---|---|---|---|---|---|---|---|
| o | ■ | h | ■ | f | ■ | w | ■ | i |
| o | w | e | ■ | l | a | n | d | s |
| r | ■ | a | ■ | o | ■ | ■ | ■ | s |
| ■ | a | d | d | r | e | s | s | ■ |
| l | ■ | ■ | ■ | i | ■ | m | ■ | v |
| o | a | s | i | s | ■ | a | g | e |
| o | ■ | h | ■ | t | ■ | l | ■ | r |
| p | e | e | l | ■ | p | l | a | y |

## No. 68

| n | o | n | e | ■ | s | e | n | d |
|---|---|---|---|---|---|---|---|---|
| i | ■ | o | ■ | n | ■ | n | ■ | a |
| n | e | r | v | e | ■ | j | a | r |
| e | ■ | ■ | ■ | e | ■ | o | ■ | k |
| ■ | g | o | o | d | b | y | e | ■ |
| b | ■ | r | ■ | l | ■ | ■ | ■ | s |
| a | i | d | ■ | e | l | e | c | t |
| t | ■ | e | ■ | s | ■ | y | ■ | e |
| h | e | r | o | ■ | h | e | l | p |

## No. 69

| ■ | v | ■ | n | o | ■ | a | n | ■ |
|---|---|---|---|---|---|---|---|---|
| m | a | z | e | ■ | h | ■ | u | p |
| ■ | n | ■ | w | a | i | s | t | ■ |
| a | ■ | a | ■ | t | ■ | l | ■ | d |
| r | o | w | s | ■ | w | a | g | e |
| t | ■ | a | ■ | i | ■ | p | ■ | w |
| ■ | d | y | i | n | g | ■ | h | ■ |
| d | o | ■ | f | ■ | u | s | e | s |
| ■ | g | o | ■ | m | y | ■ | y | ■ |

## No. 70

| s | t | e | w | ■ | h | u | g | e |
|---|---|---|---|---|---|---|---|---|
| u | ■ | a | ■ | a | ■ | n | ■ | v |
| m | e | t | e | r | ■ | i | c | e |
| s | ■ | ■ | ■ | t | ■ | t | ■ | r |
| ■ | b | r | u | i | s | e | s | ■ |
| b | ■ | i | ■ | s | ■ | ■ | ■ | h |
| i | n | n | ■ | t | i | t | l | e |
| r | ■ | g | ■ | s | ■ | e | ■ | r |
| d | i | s | k | ■ | c | a | v | e |

## No. 71

| s | o | u | l | ■ | f | e | a | r |
|---|---|---|---|---|---|---|---|---|
| e | ■ | n | ■ | a | ■ | a | ■ | o |
| a | d | d | ■ | s | t | r | a | p |
| l | ■ | e | c | h | o | ■ | ■ | e |
| ■ | b | r | a | ■ | n | o | w | ■ |
| a | ■ | ■ | t | h | e | n | ■ | c |
| s | e | n | s | e | ■ | i | l | l |
| k | ■ | u | ■ | r | ■ | o | ■ | u |
| s | o | n | g | ■ | k | n | e | e |

## No. 72

| w | i | f | e | ■ | l | a | m | b |
|---|---|---|---|---|---|---|---|---|
| i | ■ | r | ■ | p | ■ | p | ■ | o |
| l | o | y | a | l | ■ | r | a | m |
| d | ■ | ■ | ■ | a | ■ | i | ■ | b |
| ■ | s | i | g | n | a | l | s | ■ |
| a | ■ | d | ■ | e | ■ | ■ | ■ | h |
| b | y | e | ■ | t | h | e | s | e |
| l | ■ | a | ■ | s | ■ | v | ■ | a |
| e | a | s | t | ■ | m | e | a | l |

# Solutions

## No. 73

| w | r | a | p | ■ | c | a | l | m |
|---|---|---|---|---|---|---|---|---|
| a | ■ | n | ■ | s | ■ | x | ■ | a |
| r | a | g | ■ | q | u | e | e | n |
| s | ■ | e | ■ | u | ■ | ■ | ■ | y |
| ■ | p | r | i | e | s | t | s | ■ |
| s | ■ | ■ | ■ | e | ■ | h | ■ | n |
| w | a | l | t | z | ■ | o | n | e |
| a | ■ | e | ■ | e | ■ | s | ■ | e |
| n | e | t | s | ■ | h | e | r | d |

## No. 74

| f | o | a | m | ■ | w | a | l | k |
|---|---|---|---|---|---|---|---|---|
| i | ■ | i | ■ | b | ■ | c | ■ | e |
| s | e | r | v | e | ■ | t | h | e |
| t | ■ | ■ | ■ | t | ■ | o | ■ | p |
| ■ | f | l | o | w | e | r | s | ■ |
| s | ■ | a | ■ | e | ■ | ■ | ■ | h |
| p | i | n | ■ | e | a | g | l | e |
| i | ■ | e | ■ | n | ■ | a | ■ | a |
| n | e | s | t | ■ | u | s | e | d |

## No. 75

| f | l | e | a | ■ | k | i | l | l |
|---|---|---|---|---|---|---|---|---|
| a | ■ | y | ■ | r | ■ | m | ■ | i |
| t | e | e | t | h | ■ | a | c | e |
| e | ■ | ■ | ■ | y | ■ | g | ■ | s |
| ■ | p | a | r | t | i | e | s | ■ |
| h | ■ | s | ■ | h | ■ | ■ | ■ | t |
| i | n | k | ■ | m | o | n | e | y |
| l | ■ | e | ■ | s | ■ | o | ■ | p |
| l | a | d | y | ■ | t | r | u | e |

## No. 76

| b | o | o | k | ■ | b | a | g | s |
|---|---|---|---|---|---|---|---|---|
| a | ■ | w | ■ | u | ■ | w | ■ | a |
| l | a | n | d | s | ■ | f | l | y |
| l | ■ | ■ | ■ | u | ■ | u | ■ | s |
| ■ | f | i | n | a | l | l | y | ■ |
| u | ■ | d | ■ | l | ■ | ■ | ■ | g |
| s | e | e | ■ | l | e | v | e | r |
| e | ■ | a | ■ | y | ■ | a | ■ | o |
| s | a | l | e | ■ | s | n | o | w |

## No. 77

| d | o | o | r | ■ | d | a | m | p |
|---|---|---|---|---|---|---|---|---|
| e | ■ | t | ■ | p | ■ | s | ■ | a |
| s | h | h | ■ | r | o | s | e | s |
| k | ■ | e | ■ | o | ■ | ■ | ■ | t |
| ■ | w | r | i | t | t | e | n | ■ |
| s | ■ | ■ | ■ | e | ■ | x | ■ | k |
| p | a | g | e | s | ■ | i | n | n |
| i | ■ | y | ■ | t | ■ | s | ■ | o |
| t | o | m | b | ■ | s | t | e | w |

## No. 78

| e | c | h | o | ■ | q | u | i | t |
|---|---|---|---|---|---|---|---|---|
| a | ■ | a | ■ | t | ■ | n | ■ | h |
| c | a | t | c | h | ■ | d | u | e |
| h | ■ | ■ | ■ | u | ■ | e | ■ | y |
| ■ | c | o | u | n | t | r | y | ■ |
| p | ■ | c | ■ | d | ■ | ■ | ■ | g |
| i | c | e | ■ | e | a | g | e | r |
| l | ■ | a | ■ | r | ■ | e | ■ | a |
| l | i | n | e | ■ | s | t | a | y |

# Solutions

## No. 79

| r | i | n | g | ■ | w | h | a | t |
|---|---|---|---|---|---|---|---|---|
| o | ■ | i | ■ | e | ■ | e | ■ | u |
| b | e | g | ■ | m | a | y | o | r |
| e | ■ | h | ■ | p | ■ | ■ | ■ | n |
| ■ | s | t | r | i | n | g | s | ■ |
| p | ■ | ■ | r | ■ | o | ■ | ■ | c |
| a | l | o | n | e | ■ | o | i | l |
| s | ■ | w | ■ | s | ■ | s | ■ | u |
| s | a | l | t | ■ | h | e | r | e |

## No. 80

| h | e | r | d | ■ | s | e | a | l |
|---|---|---|---|---|---|---|---|---|
| o | ■ | u | ■ | u | ■ | l | ■ | a |
| s | o | n | g | s | ■ | e | a | t |
| t | ■ | ■ | ■ | e | ■ | c | ■ | e |
| ■ | a | t | h | l | e | t | e | ■ |
| h | ■ | h | ■ | e | ■ | ■ | ■ | s |
| o | w | e | ■ | s | w | e | a | t |
| r | ■ | r | ■ | s | ■ | v | ■ | a |
| n | e | e | d | ■ | h | e | r | b |

## No. 81

| r | e | s | t | ■ | r | a | r | e |
|---|---|---|---|---|---|---|---|---|
| u | ■ | n | ■ | t | ■ | n | ■ | a |
| s | e | a | ■ | w | a | t | e | r |
| t | ■ | k | ■ | i | ■ | ■ | ■ | s |
| ■ | m | e | s | s | a | g | e | ■ |
| a | ■ | ■ | t | ■ | l | ■ | ■ | a |
| s | h | a | p | e | ■ | o | u | r |
| k | ■ | g | ■ | d | ■ | v | ■ | m |
| s | e | e | m | ■ | v | e | r | y |

## No. 82

| d | a | m | n | ■ | g | r | u | b |
|---|---|---|---|---|---|---|---|---|
| u | ■ | a | ■ | o | ■ | u | ■ | e |
| m | o | n | e | y | ■ | l | i | e |
| p | ■ | ■ | ■ | s | ■ | e | ■ | s |
| ■ | m | a | t | t | e | r | s | ■ |
| w | ■ | l | ■ | e | ■ | ■ | ■ | t |
| i | l | l | ■ | r | o | c | k | y |
| l | ■ | o | ■ | s | ■ | a | ■ | p |
| d | o | w | n | ■ | u | r | g | e |

## No. 83

| u | ■ | i | f | ■ | m | ■ | f | ■ |
|---|---|---|---|---|---|---|---|---|
| s | i | t | ■ | p | a | n | i | c |
| ■ | c | ■ | a | ■ | p | ■ | n | ■ |
| h | e | a | r | t | ■ | t | i | e |
| ■ | c | ■ | t | ■ | s | ■ | s | ■ |
| a | r | m | ■ | s | i | g | h | t |
| ■ | e | ■ | r | ■ | p | ■ | e | ■ |
| f | a | c | e | s | ■ | a | d | d |
| ■ | m | ■ | d | ■ | i | n | ■ | o |

## No. 84

| p | i | l | e | ■ | r | o | c | k |
|---|---|---|---|---|---|---|---|---|
| a | ■ | a | ■ | s | ■ | n | ■ | i |
| t | e | n | ■ | c | l | e | a | n |
| h | ■ | e | ■ | r | ■ | ■ | ■ | d |
| ■ | u | s | u | a | l | l | y | ■ |
| o | ■ | ■ | ■ | t | ■ | a | ■ | m |
| m | u | s | i | c | ■ | t | e | a |
| e | ■ | i | ■ | h | ■ | e | ■ | z |
| n | e | x | t | ■ | t | r | u | e |

# Solutions

## No. 85

| h | o | u | r | █ | j | o | b | s |
|---|---|---|---|---|---|---|---|---|
| e | █ | p | █ | e | █ | w | █ | e |
| a | s | s | █ | f | e | n | c | e |
| t | █ | e | █ | f | █ | █ | █ | s |
| █ | s | t | r | e | e | t | s | █ |
| f | █ | █ | █ | c | █ | i | █ | g |
| e | i | g | h | t | █ | t | w | o |
| e | █ | a | █ | s | █ | l | █ | a |
| l | a | s | t | █ | s | e | a | t |

## No. 86

| p | o | e | t | █ | l | i | n | k |
|---|---|---|---|---|---|---|---|---|
| a | █ | y | █ | f | █ | m | █ | e |
| s | p | e | l | l | █ | a | x | e |
| t | █ | █ | █ | o | █ | g | █ | p |
| █ | f | a | i | r | i | e | s | █ |
| o | █ | t | █ | i | █ | █ | █ | e |
| p | u | t | █ | s | t | a | i | n |
| e | █ | i | █ | t | █ | c | █ | d |
| n | e | c | k | █ | l | e | n | s |

## No. 87

| n | e | s | t | █ | c | a | r | t |
|---|---|---|---|---|---|---|---|---|
| e | █ | u | █ | p | █ | s | █ | i |
| w | i | g | █ | a | s | k | e | d |
| s | █ | a | █ | r | █ | █ | █ | e |
| █ | p | r | i | e | s | t | s | █ |
| i | █ | █ | █ | n | █ | a | █ | s |
| n | i | g | h | t | █ | s | e | w |
| t | █ | e | █ | s | █ | t | █ | a |
| o | a | t | s | █ | v | e | i | n |

## No. 88

| s | e | n | d | █ | s | l | a | p |
|---|---|---|---|---|---|---|---|---|
| u | █ | e | █ | t | █ | e | █ | e |
| m | a | t | c | h | █ | a | g | e |
| s | █ | █ | █ | r | █ | v | █ | l |
| █ | f | o | r | e | v | e | r | █ |
| k | █ | f | █ | a | █ | █ | █ | u |
| n | u | t | █ | t | e | s | t | s |
| o | █ | e | █ | s | █ | h | █ | e |
| t | i | n | y | █ | l | e | g | s |

## No. 89

| d | u | s | t | █ | r | o | l | l |
|---|---|---|---|---|---|---|---|---|
| e | █ | i | █ | c | █ | a | █ | u |
| n | o | r | t | h | █ | s | o | n |
| t | █ | █ | █ | a | █ | i | █ | g |
| █ | p | i | a | n | i | s | t | █ |
| w | █ | n | █ | g | █ | █ | █ | t |
| a | i | d | █ | e | a | r | l | y |
| n | █ | e | █ | s | █ | o | █ | p |
| t | a | x | i | █ | e | d | g | e |

## No. 90

| s | e | e | d | █ | f | o | o | t |
|---|---|---|---|---|---|---|---|---|
| i | █ | a | █ | a | █ | w | █ | h |
| d | i | g | █ | t | h | e | r | e |
| e | █ | l | █ | t | █ | █ | █ | y |
| █ | b | e | c | a | u | s | e | █ |
| a | █ | █ | █ | c | █ | i | █ | f |
| c | r | e | e | k | █ | t | o | o |
| i | █ | a | █ | s | █ | e | █ | o |
| d | i | r | t | █ | u | s | e | d |

# Solutions

## No. 91

| d | u | m | p | ■ | w | r | a | p |
|---|---|---|---|---|---|---|---|---|
| a | ■ | a | ■ | b | ■ | o | ■ | a |
| m | a | y | o | r | ■ | s | i | t |
| n | ■ | ■ | ■ | o | ■ | e | ■ | h |
| ■ | d | e | n | t | i | s | t | ■ |
| r | ■ | n | ■ | h | ■ | ■ | ■ | d |
| a | n | t | ■ | e | v | e | r | y |
| f | ■ | e | ■ | r | ■ | v | ■ | e |
| t | u | r | n | ■ | f | e | u | d |

## No. 92

| w | i | l | d | ■ | k | e | y | s |
|---|---|---|---|---|---|---|---|---|
| i | ■ | i | ■ | u | ■ | a | ■ | i |
| f | e | e | l | s | ■ | r | ■ | g |
| e | ■ | ■ | ■ | e | ■ | t | ■ | n |
| ■ | h | e | a | l | t | h | y | ■ |
| t | ■ | m | ■ | e | ■ | ■ | ■ | g |
| h | i | p | ■ | s | i | n | c | e |
| i | ■ | t | ■ | s | ■ | o | ■ | r |
| s | a | y | s | ■ | d | r | u | m |

## No. 93

| w | a | y | ■ | l | a | w | n | s |
|---|---|---|---|---|---|---|---|---|
| i | ■ | e | ■ | o | ■ | i | ■ | h |
| t | o | s | t | r | e | t | c | h |
| c | ■ | t | ■ | d | ■ | n | ■ | ■ |
| h | e | e | l | ■ | r | e | a | r |
| ■ | ■ | r | ■ | h | ■ | s | ■ | i |
| a | d | d | r | e | s | s | e | s |
| l | ■ | a | ■ | a | ■ | e | ■ | k |
| l | o | y | a | l | ■ | s | h | y |

## No. 94

| m | o | l | e | ■ | d | e | a | d |
|---|---|---|---|---|---|---|---|---|
| i | ■ | e | ■ | a | ■ | x | ■ | o |
| l | a | t | e | r | ■ | a | c | t |
| k | ■ | ■ | ■ | r | ■ | c | ■ | s |
| ■ | a | n | x | i | e | t | y | ■ |
| a | ■ | i | ■ | v | ■ | ■ | ■ | p |
| b | a | n | ■ | a | p | r | i | l |
| l | ■ | t | ■ | l | ■ | u | ■ | a |
| e | c | h | o | ■ | e | n | v | y |

## No. 95

| s | o | u | r | ■ | n | a | m | e |
|---|---|---|---|---|---|---|---|---|
| o | ■ | p | ■ | u | ■ | c | ■ | v |
| c | u | p | ■ | s | i | e | v | e |
| k | ■ | e | ■ | u | ■ | ■ | ■ | r |
| ■ | b | r | e | a | t | h | e | ■ |
| s | ■ | ■ | ■ | l | ■ | u | ■ | e |
| c | a | m | e | l | ■ | m | i | x |
| a | ■ | a | ■ | y | ■ | a | ■ | i |
| r | u | n | g | ■ | k | n | o | t |

## No. 96

| d | i | e | t | ■ | m | a | z | e |
|---|---|---|---|---|---|---|---|---|
| i | ■ | y | ■ | s | ■ | s | ■ | n |
| s | w | e | a | t | ■ | k | i | d |
| k | ■ | ■ | ■ | r | ■ | e | ■ | s |
| ■ | p | e | r | i | o | d | s | ■ |
| l | ■ | v | ■ | n | ■ | ■ | ■ | l |
| u | s | e | ■ | g | r | a | v | e |
| m | ■ | n | ■ | s | ■ | x | ■ | n |
| p | i | t | y | ■ | n | e | w | s |

No. 97

| i | | b | e | | t | | a | |
| f | l | y | | m | o | o | d | s |
| | a | | a | | e | | d | |
| b | u | r | s | t | | s | i | p |
| | g | | k | | w | | t | |
| t | h | e | | b | e | g | i | n |
| | t | | i | | t | | o | |
| b | e | a | c | h | | a | n | d |
| | r | | e | | i | n | | o |

No. 98

| c | o | o | k | | s | o | r | t |
| o | | c | | s | | w | | h |
| s | e | e | | q | u | e | u | e |
| t | | a | | u | | | | y |
| | i | n | s | e | c | t | s | |
| s | | | | e | | h | | s |
| w | a | l | t | z | | i | n | k |
| a | | i | | e | | g | | i |
| n | u | d | e | | w | h | e | n |

No. 99

| l | e | a | d | | b | e | a | t |
| a | | l | | a | | v | | h |
| t | w | o | | t | h | e | r | e |
| e | | n | | h | | | | m |
| | h | e | a | l | t | h | y | |
| s | | | | e | | i | | k |
| p | i | l | o | t | | n | u | n |
| i | | i | | e | | g | | e |
| t | h | e | n | | h | e | r | e |

No. 100

| c | o | r | d | | p | o | l | e |
| o | | a | | p | | r | | d |
| a | n | g | e | l | | d | o | g |
| l | | | | a | | e | | e |
| | l | a | u | n | d | r | y | |
| s | | p | | e | | | | u |
| t | a | p | | t | o | o | l | s |
| e | | l | | s | | n | | e |
| w | e | e | k | | s | e | e | d |

No. 101

| h | o | o | k | s | | g | a | p |
| a | | p | | e | | r | | o |
| t | h | e | r | e | f | o | r | e |
| | | r | | m | | c | | t |
| p | r | a | y | | l | e | g | s |
| a | | t | | c | | r | | |
| g | u | i | t | a | r | i | s | t |
| e | | o | | r | | e | | i |
| s | u | n | | t | a | s | t | e |

No. 102

| h | o | m | e | | t | i | m | e |
| o | | a | | s | | m | | c |
| p | a | n | i | c | | a | s | h |
| e | | | | r | | g | | o |
| | h | o | w | e | v | e | r | |
| c | | f | | e | | | | a |
| h | o | t | | n | o | v | e | l |
| i | | e | | s | | a | | s |
| n | i | n | e | | o | n | t | o |

# Solutions

## No. 103

| r | o | o | m | ■ | l | e | f | t |
|---|---|---|---|---|---|---|---|---|
| u | ■ | u | ■ | w | ■ | m | ■ | u |
| l | a | r | g | e | ■ | p | i | n |
| e | ■ | ■ | ■ | d | ■ | t | ■ | a |
| ■ | g | o | o | d | b | y | e | ■ |
| w | ■ | r | ■ | i | ■ | ■ | ■ | t |
| h | u | g | ■ | n | a | p | p | y |
| o | ■ | a | ■ | g | ■ | e | ■ | p |
| m | a | n | y | ■ | s | a | v | e |

## No. 104

| p | u | t | s | ■ | s | t | e | p |
|---|---|---|---|---|---|---|---|---|
| a | ■ | o | ■ | a | ■ | o | ■ | a |
| s | l | e | e | p | ■ | h | a | s |
| t | ■ | ■ | ■ | o | ■ | i | ■ | s |
| ■ | r | e | a | l | i | t | y | ■ |
| a | ■ | n | ■ | o | ■ | ■ | ■ | u |
| g | e | t | ■ | g | i | f | t | s |
| e | ■ | e | ■ | y | ■ | o | ■ | e |
| s | u | r | e | ■ | a | x | i | s |

## No. 105

| p | o | t | s | ■ | h | a | n | g |
|---|---|---|---|---|---|---|---|---|
| u | ■ | e | ■ | t | ■ | l | ■ | o |
| l | u | n | c | h | ■ | o | w | l |
| l | ■ | ■ | ■ | i | ■ | n | ■ | d |
| ■ | a | v | e | r | a | g | e | ■ |
| a | ■ | i | ■ | s | ■ | ■ | ■ | v |
| b | e | e | ■ | t | h | r | e | e |
| l | ■ | w | ■ | y | ■ | a | ■ | i |
| e | a | s | y | ■ | o | m | e | n |

## No. 106

| g | i | r | l | s | ■ | b | e | g |
|---|---|---|---|---|---|---|---|---|
| a | ■ | e | ■ | o | ■ | l | ■ | r |
| s | t | a | i | r | c | a | s | e |
| ■ | ■ | c | ■ | t | ■ | c | ■ | e |
| d | a | t | e | ■ | s | k | i | n |
| u | ■ | i | ■ | f | ■ | n | ■ | ■ |
| s | h | o | u | l | d | e | r | s |
| t | ■ | n | ■ | a | ■ | s | ■ | i |
| y | e | s | ■ | t | o | s | i | t |

## No. 107

| r | u | s | t | ■ | b | a | i | t |
|---|---|---|---|---|---|---|---|---|
| i | ■ | i | ■ | s | ■ | c | ■ | o |
| c | a | n | ■ | h | o | t | e | l |
| e | ■ | c | ■ | i | ■ | ■ | ■ | l |
| ■ | r | e | v | e | r | s | e | ■ |
| c | ■ | ■ | ■ | l | ■ | e | ■ | s |
| h | e | a | r | d | ■ | r | o | w |
| e | ■ | l | ■ | s | ■ | v | ■ | a |
| f | a | l | l | ■ | s | e | e | n |

## No. 108

| m | a | p | s | ■ | t | h | e | n |
|---|---|---|---|---|---|---|---|---|
| u | ■ | a | ■ | a | ■ | i | ■ | e |
| c | a | t | ■ | t | a | s | t | e |
| h | ■ | h | ■ | t | ■ | ■ | ■ | d |
| ■ | u | s | u | a | l | l | y | ■ |
| a | ■ | ■ | ■ | c | ■ | e | ■ | s |
| c | l | i | c | k | ■ | m | o | p |
| i | ■ | t | ■ | s | ■ | o | ■ | i |
| d | i | s | k | ■ | k | n | o | t |

# Solutions

## No. 109

|   | t |   | e |   | g | o |   | a |
|---|---|---|---|---|---|---|---|---|
| t | h | i | g | h |   | r | u | n |
|   | o |   | g |   | t |   | p |   |
| c | u | p |   | n | o | i | s | e |
|   | g |   | s |   | p |   | t |   |
| c | h | a | i | n |   | j | a | m |
|   | t |   | p |   | s |   | i |   |
| a | s | h |   | t | h | i | r | d |
| t |   | i | f |   | h |   | s |   |

## No. 110

| w | a | l | k |   | c | h | i | n |
| i |   | e |   | e |   | u |   | e |
| t | e | a |   | f | i | g | h | t |
| h |   | r |   | f |   |   |   | s |
|   | a | n | t | e | n | n | a |   |
| r |   |   |   | c |   | i |   | a |
| e | v | e | n | t |   | n | o | w |
| a |   | v |   | s |   | t |   | a |
| d | i | e | t |   | t | h | e | y |

## No. 111

| d | i | a | l |   | k | n | e | e |
| e |   | x |   | o |   | a |   | n |
| e | n | e | m | y |   | m | u | d |
| p |   |   |   | s |   | e |   | s |
|   | d | e | n | t | i | s | t |   |
| g |   | i |   | e |   |   |   | u |
| l | e | g |   | r | o | o | m | s |
| a |   | h |   | s |   | n |   | e |
| d | u | t | y |   | f | e | e | d |

## No. 112

| l | a | k | e |   | c | a | l | l |
| i |   | i |   | a |   | g |   | a |
| o | w | n |   | t | o | e | a | t |
| n |   | d |   | h |   |   |   | e |
|   | u | s | e | l | e | s | s |   |
| s |   |   |   | e |   | o |   | s |
| h | a | b | i | t |   | b | e | e |
| o |   | i |   | e |   | e |   | e |
| e | d | g | e |   | d | r | u | m |

## No. 113

| g | u | e | s | s |   | w | e | t |
| e |   | l |   | u |   | i |   | o |
| t | o | s | t | r | e | t | c | h |
|   |   | e |   | e |   | n |   | i |
| d | a | w | n |   | f | e | l | t |
| r |   | h |   | s |   | s |   |   |
| e | x | e | r | c | i | s | e | s |
| s |   | r |   | a |   | e |   | h |
| s | h | e |   | r | i | s | k | y |

## No. 114

| f | o | a | m |   | l | i | e | s |
| a |   | c |   | p |   | m |   | i |
| c | l | e | a | r |   | a | n | d |
| e |   |   |   | a |   | g |   | e |
|   | d | e | s | i | r | e | s |   |
| w |   | l |   | s |   |   |   | t |
| o | w | e |   | e | a | r | l | y |
| l |   | c |   | s |   | o |   | p |
| f | a | t | e |   | a | b | l | e |

# Solutions

## No. 115

| r | u | s | t | ■ | r | o | p | e |
|---|---|---|---|---|---|---|---|---|
| i | ■ | e | ■ | r | ■ | f | ■ | a |
| s | h | a | m | e | ■ | f | u | r |
| k | ■ | ■ | ■ | q | ■ | e | ■ | s |
| ■ | i | n | q | u | i | r | y | ■ |
| a | ■ | e | ■ | e | ■ | ■ | ■ | d |
| c | a | r | ■ | s | m | i | l | e |
| t | ■ | v | ■ | t | ■ | n | ■ | n |
| s | t | e | w | ■ | k | n | o | t |

## No. 116

| t | r | a | y | ■ | b | o | w | l |
|---|---|---|---|---|---|---|---|---|
| o | ■ | s | ■ | p | ■ | r | ■ | u |
| w | a | s | t | e | ■ | g | y | m |
| n | ■ | ■ | ■ | r | ■ | a | ■ | p |
| ■ | p | a | t | i | e | n | t | ■ |
| t | ■ | h | ■ | o | ■ | ■ | ■ | h |
| u | s | e | ■ | d | a | n | c | e |
| n | ■ | a | ■ | s | ■ | u | ■ | l |
| a | i | d | s | ■ | s | t | e | p |

## No. 117

| d | o | g | s | ■ | p | r | a | m |
|---|---|---|---|---|---|---|---|---|
| u | ■ | i | ■ | s | ■ | u | ■ | e |
| s | i | r | ■ | c | a | n | o | e |
| t | ■ | l | ■ | r | ■ | ■ | ■ | t |
| ■ | u | s | u | a | l | l | y | ■ |
| l | ■ | ■ | ■ | t | ■ | o | ■ | d |
| a | t | t | i | c | ■ | y | o | u |
| m | ■ | e | ■ | h | ■ | a | ■ | m |
| p | e | n | s | ■ | s | l | i | p |

## No. 118

| p | a | w | s | ■ | e | n | d | s |
|---|---|---|---|---|---|---|---|---|
| a | ■ | o | ■ | a | ■ | o | ■ | a |
| s | u | m | ■ | c | a | r | r | y |
| s | ■ | a | ■ | t | ■ | ■ | ■ | s |
| ■ | a | n | x | i | e | t | y | ■ |
| u | ■ | ■ | ■ | o | ■ | a | ■ | a |
| s | t | a | i | n | ■ | s | e | w |
| e | ■ | r | ■ | s | ■ | t | ■ | a |
| d | o | m | e | ■ | v | e | r | y |

## No. 119

| ■ | t | ■ | d | ■ | a | ■ | f | ■ |
|---|---|---|---|---|---|---|---|---|
| t | h | e | r | e | f | o | r | e |
| ■ | o | ■ | y | ■ | t | ■ | y | ■ |
| n | u | n | ■ | b | e | g | i | n |
| ■ | s | ■ | a | ■ | r | ■ | n | ■ |
| b | a | l | l | s | ■ | e | g | g |
| ■ | n | ■ | o | ■ | b | ■ | p | ■ |
| i | d | e | n | t | i | c | a | l |
| ■ | s | ■ | e | ■ | g | ■ | n | ■ |

## No. 120

| m | a | l | e | ■ | m | e | a | l |
|---|---|---|---|---|---|---|---|---|
| o | ■ | i | ■ | c | ■ | x | ■ | a |
| a | p | p | l | y | ■ | i | n | k |
| n | ■ | ■ | ■ | c | ■ | s | ■ | e |
| ■ | a | t | h | l | e | t | e | ■ |
| s | ■ | a | ■ | o | ■ | ■ | ■ | a |
| o | i | l | ■ | n | a | m | e | s |
| f | ■ | k | ■ | e | ■ | i | ■ | k |
| a | l | s | o | ■ | a | x | i | s |

# Solutions

## No. 121

| c | a | v | e | ■ | t | h | e | m |
|---|---|---|---|---|---|---|---|---|
| h | ■ | i | ■ | b | ■ | a | ■ | a |
| i | c | e | ■ | o | f | t | e | n |
| n | ■ | w | ■ | u | ■ | ■ | ■ | y |
| ■ | u | s | e | l | e | s | s | ■ |
| s | ■ | ■ | ■ | d | ■ | o | ■ | i |
| w | r | o | t | e | ■ | b | e | d |
| a | ■ | d | ■ | r | ■ | e | ■ | l |
| n | u | d | e | ■ | t | r | u | e |

## No. 122

| k | n | o | t | ■ | b | e | t | s |
|---|---|---|---|---|---|---|---|---|
| i | ■ | u | ■ | t | ■ | a | ■ | i |
| s | c | r | e | w | ■ | g | a | p |
| s | ■ | ■ | ■ | i | ■ | l | ■ | s |
| ■ | w | h | i | s | p | e | r | ■ |
| h | ■ | a | ■ | t | ■ | ■ | ■ | d |
| a | l | l | ■ | e | v | e | r | y |
| l | ■ | l | ■ | d | ■ | v | ■ | e |
| f | i | s | h | ■ | d | e | a | d |

## No. 123

| h | i | t | s | ■ | w | i | l | d |
|---|---|---|---|---|---|---|---|---|
| a | ■ | h | ■ | t | ■ | n | ■ | e |
| t | w | o | ■ | h | i | n | t | s |
| e | ■ | s | e | e | n | ■ | ■ | k |
| ■ | s | e | a | ■ | t | o | p | ■ |
| a | ■ | ■ | r | i | o | t | ■ | u |
| g | h | o | s | t | ■ | h | a | s |
| e | ■ | n | ■ | s | ■ | e | ■ | e |
| s | e | e | k | ■ | a | r | t | s |

## No. 124

| l | o | o | k | ■ | t | i | d | e |
|---|---|---|---|---|---|---|---|---|
| e | ■ | r | ■ | e | ■ | l | ■ | a |
| a | d | d | ■ | f | a | l | l | s |
| d | ■ | e | ■ | f | ■ | ■ | ■ | y |
| ■ | f | r | e | e | z | e | r | ■ |
| h | ■ | ■ | ■ | c | ■ | n | ■ | t |
| e | i | g | h | t | ■ | t | o | o |
| a | ■ | a | ■ | s | ■ | e | ■ | m |
| l | o | s | s | ■ | g | r | u | b |

## No. 125

| w | o | l | f | ■ | s | o | u | r |
|---|---|---|---|---|---|---|---|---|
| e | ■ | o | ■ | i | ■ | l | ■ | u |
| s | k | y | ■ | m | e | d | a | l |
| t | ■ | a | ■ | m | ■ | ■ | ■ | e |
| ■ | s | l | e | e | v | e | s | ■ |
| s | ■ | ■ | ■ | n | ■ | a | ■ | s |
| h | o | m | e | s | ■ | g | e | t |
| o | ■ | a | ■ | e | ■ | e | ■ | e |
| e | n | d | s | ■ | d | r | o | p |

www.ingramcontent.com/pod-product-compliance
Lightning Source LLC
Chambersburg PA
CBHW070809050426
42452CB00011B/1964